南无本师释迦牟尼佛

全知麦彭仁波切

智者入门论

Gateway to Knowledge

麦彭仁波切·著
索达吉堪布·译

西藏藏文古籍出版社

图书在版编目（CIP）数据

智者入门论 / 麦彭仁波切著；索达吉堪布译．—3版．
—拉萨：西藏藏文古籍出版社，2018.6
ISBN 978-7-5700-0104-0

Ⅰ．①智… Ⅱ．①麦… ②索… Ⅲ．①喇嘛宗—人生哲学 Ⅳ．①B946.6

中国版本图书馆 CIP 数据核字（2018）第 096407 号

智者入门论

作　　者　麦彭仁波切 著　索达吉堪布 译
责任编辑　郭晓斐
策　　划　天利文化
装帧设计　北京一时文化工作室
出　　版　西藏藏文古籍出版社（拉萨市色拉路 22 号　邮编：850000）
第二编辑部（北京）：北京市东土城路 8 号林达大厦 A 座 13 层
邮编：100013　　电话：010-64466847
打击盗版：0891-6649998 13908990085
印　　刷　北京华联印刷有限公司
经　　销　全国新华书店
开　　本　16 开（710×1 000）
印　　张　17.5
彩　　插　4 页
字　　数　158 千
版　　次　2018 年 6 月第 1 版第 1 次印刷
标准书号　ISBN 978-7-5700-0104-0
定　　价　46.00 元

目 录

智者入门论颂

全知麦彭仁波切 著

索达吉堪布 译

梵音：班智达雅那让阿瓦达绕莫康那玛夏札

藏音：刻波策拉杰波够意夏累丹玖

汉意：智者入门论

顶礼三宝！

第一 蕴

色受想行识，此等是五蕴。

色五根五境，法处所摄色，

眼耳鼻舌身，色声香味触。

眼境色分类，蓝黄白红本，

云烟尘雾光，影明暗八支。

形长短方圆，高低粗细等，

余贤劣中等，内分成多种。

声内之分类，有执受大种，

无执受大种，二俱大种声。
能诠有二种，有记无记别，
有记亦有二，世间圣安立，
贤劣中三者，内分无有量。
香分妙恶平，俱生合成等。
酸甜苦辣涩，及咸许六味，
余悦不悦意，中等多类别。
所触因与果，坚湿暖动因，
滑涩轻重饥，渴冷软松紧，
足病老死息，大勇等果触。
法处摄五色，极略极迥色，
受所引遍计，定生自在色。
极微微尘铁，水兔羊牛尘，
光虮虱麦指，递增成七倍，
廿四指一肘，四肘称一弓，
五百弓闻距，八闻距由旬。
受蕴之类别，乐苦等舍三，
身乐苦意乐，意苦舍受五。

眼聚接触中，所生受等六，

彼分苦乐舍，故成十八受。

复身受心受，有爱无爱受，

贪依离依等，分类成多种。

名为想蕴者，眼聚接触中，

所生想等六，执义名言二，

复有相无相，狭广及无量，

无所有想六，是作彼等类。

名为行蕴者，相应非相应，

与心相应者，五十一心所，

受想思作意，及触五遍行。

欲乐胜解念，定慧五别境。

受想除于外，余皆行蕴摄，

信不放逸安，舍惭及有愧，

无贪无嗔痴，不害与精进，

十一善心所，体善系彼善。

无明及贪嗔，我慢怀疑见，

根本六烦恼，彼见则分五，

萨迦耶见者，常断之边见，

邪见见取见，及戒禁取见。

五见五非见，根本十烦恼。

忿恨恼损害，嫉妒及谄诳，

无惭无愧覆，悭吝骄不信，

懈怠及放逸，忘念不正知，

昏沉掉散动，二十随烦恼。

三十烦恼中，坏聚边执见，

二相应无明，除外余欲界，

本体不善故，系彼业成恶。

眠恶作寻伺，是名四异转。

不相应廿四，得无得同分，

无想无想定，命根灭尽定，

生住老无常，名句字异生，

转定异相应，势速次第时，

方数和合性，依此了知余。

识蕴即眼识，至意识六识，

及染意藏识，承许八识聚。

一切有为法，集于五蕴故，
亦语基具因，世间见处有，
欲乐与爱染，近取有漏蕴，
称有诤苦集，亦有出离名。
知五蕴类别，则执我唯一，
恶见得遣除，精通有为法。

第二　界

眼色眼识界，耳声耳识界，
鼻香鼻识界，舌味舌识界，
身触身识界，意法意识界，
六根六境识，如是十八界。
六灭无间识，彼则名意根。
法界分十六，择非择灭空，
善等三真如，无想灭尽定，
此二为无心，八种无为法，
受想行法处，及与五种色。

如是十八界，总集所知法，

当知有无漏，此等分类别。

六境所取因，六根是能取，

六识能取彼，证则除我见。

第三　处

眼耳鼻舌身，意色声香味，

触法十二处，眼色至意法，

应用处之名，七识界归意。

意乃诸有境，有寻意于法，

实假现遣余，违属境有境，

依种种名言，不昧所知义。

显现所取境，耽著照了境，

有境识分七，现而不定识，

伺察意不悟，颠倒识怀疑，

现量及比量，二种已决识。

识摄四不悟，颠倒疑正识。

遣余境心二，肯定与否定，

非有不容有，别有义基自，

三反体等类。相违分二种，

不并存互绝。初心境相违，

次直间接违。相属有二种，

同体及彼生。名言自类别，

心名用三者，见闻及辨别，

领受四名言。建立是与有，

无遮非遮破，破立四支名。

诸法归现色，心王属心所，

及不相应行，无为五事摄。

所用外六境，内六能受用，

彼等种种处，除我享者执。

第四　缘起

内外一切法，依于缘起生，

与外之因系，种芽叶枝茎，

花果次第生，彼系六种缘，

即地水火风，虚空以及时。

内缘起十二，有此而生彼，

无明行与识，名色六处触，

受爱以及取，有与生老死。

无明爱取惑，行有二是业，

余七则为苦，摄略集苦二。

有无明顺生，不断如火轮。

无明灭逆次，十二谛义成。

六缘系地水，火风空及识，

依缘空作意，生眼识等法，

因缘众合生，非时自在等。

讽诵灯镜印，火晶种酸声，

令蕴结生者，不迁亦当证。

了悟缘起义，非常断非迁，

小因果亦大，因果知同类。

诸法非无因，非余非因生，

缘起显现故，除我作者见。

因缘缘起现，无生性寂见，

不昧证三时，八圣道诸法，
真见佛法身，见缘起者见。

第五　处非处

何法生不生，何法处非处，
分类无有量，七依他起表。
不欲欲清净，平起驾驭得，
威仪依他起，是说共有七。
能知处非处，明处数有十，
工巧医声因，内明大五明。
词藻剧历算，律诗小五明。
外道五论议，数论吠陀裸，
胜论顺世派，略摄常断二。
有部及经部，唯识中观四。
境根识聚缘，彼生识有相，
自证与境证，有无分别等。

遍计依他起，圆成实三性。

析因金刚屑，析果破有无，

析体离一多，遍析大缘起。

由异法依他，知处非处理，

执我普驾驭，愚痴尽除已，

不昧诸所知，获得广大智。

第六　根

根有二十二，眼耳鼻舌身，

意男女命根，苦根意苦根，

乐意乐舍根，信勤念定慧，

未知当知根，已知具知根。

彼等于自业，功用得舍等，

当知根之分，依于经论说。

依证此根理，执我为境主，

愚痴等断已，精通正法理。

第七　时

过去今未来，是说为三时。

有时际刹那，成事刹那二。

时际一百二，乃彼时刹那，

彼六十顷刻，三十一须臾，

须臾日及月，递增三十倍，

十二月一年，年分四六季，

六息名漏分，六十一漏刻，

六十刻一日。太阳阴宫日，

春秋及夏季，初冬末夏春，

春秋是六季。成住坏空劫，

中劫及大劫，婴幼韶壮老，

观待外内法，安立此等时。

精通时则知，诸法动无常，

自除执我常，了知诸名义。

第八　四谛

苦集灭道谛，承许为四谛，
四谛十六相，各谛各有四。
苦空无我常，因集生缘相，
灭净妙离相，道如行出相。
成为苦谛基：不净器世界，
下基风水地，须弥七山海，
四洲八小洲，各别基及处。
情世界复合，黑绳众合号，
大号热极热，无间八热狱。
阿秋霍紧牙，具疱及疱裂，
裂如莲大莲，青莲八寒狱。
铁柱山剑林，尸粪泥煻煨，
四方有十六，名热狱近边，
及孤独地狱，名十八地狱。
饿鬼有二种，住界与空游，
内受业感相，分类有多种。

旁生亦有二，定居及散居，

无足二四足，多足等无量。

人分四八洲，胜身赡洲等，

男女黄门类，王族等众分。

非天罗睺王，星颈鬘净心，

非天内种姓，福寿齐天等。

四天王卅三，离争兜率天，

化乐他化天，名为六欲天。

色界十七处，四禅下至上，

初梵辅大梵，二少无量光，

三禅少净天，无量净遍净，

四无云福生，广果上五净，

无想烦善现，善见色究竟，

是四禅八处。空识无边处，

无所有有顶，名四无色处。

安立三界有，生有及死有，

中有前世有。狱鬼畜三恶，

人非天三善，总集为六道，

非天摄天中，余五说五趣。

彼真实决定，颠倒定不定，

三蕴有情趣，内分有种种。

化湿胎卵生，此即是四生。

段食触思食，识食为四食。

食眠按摩定，长养身四因。

生际必死亡，聚际必离散，

积际必灭尽，高堕为四际。

彼等情世界，法门摄略说：

地狱饿鬼畜，长寿天边野，

邪见喑哑者，无佛八无暇。

为人根具全，中土业无倒，

起信自圆满；有佛说法住，

入彼上师摄，乃五他圆满。

离无暇八暇，十圆满法依。

业惑异熟障，说为三种障。

安住于顺境，依止圣贤士，

自我善愿求，前有造福因，

具足法顺缘，名为四大轮。

法义欲解脱，说为四圆满。

长寿康貌美，善缘种姓高，

富财大智慧，是善趣七德。

利乐誉称欲，衰苦毁与讥，

是为非所欲，名世间八法。

寿时烦恼见，众生为五浊。

有情苦无量，略摄即苦苦，

变苦遍行苦，是三根本苦。

生老病与死，爱别怨憎会，

求不得近取，五蕴名八苦。

集谛业烦恼，初者业差别：

现受顺受业，如是有无漏，

有表无表业，大力微力业；

作积不积业，引业与满业，

善行恶行业，思与思生业。

身语意三业，善不善无记，

福非福不动，苦乐舍受三，

功过浊三业，白黑杂三业。
现法顺次生，顺后受三业，
及受不定四。有漏无漏业，
戒非戒中戒，中戒善不善，
戒分别解脱，禅定无漏戒。
比丘比丘尼，沙弥尼正学，
居士斋戒者，八种别解脱。
禅由禅色定，得无漏圣道。
善等三业中，本性相应随，
等起胜义等，类别阅经论。
施戒修所生，乃福德三事。
贪害心邪见，粗离间绮妄，
杀生盗邪淫，是十不善业。
断彼是十善，救生等殊胜。
异熟及同行，感受等流果，
增上士用果，说生业果理。
杀父母罗汉，恶出佛身血，
及破僧和合，是五无间业。

污母罗汉女，杀菩萨定处，

杀有学圣者，夺取僧团财，

毁坏佛塔五，说谓近无间。

建造善逝塔，于僧供精舍，

调解僧团合，修慈四梵福。

彼等善不善，众别经中知。

烦恼之类别，释说所生因，

未断诸随眠，对境近在前，

及非理作意，三聚生烦恼。

依其漏轮回，此是诸烦恼，

可值遇增长，彼名有漏法。

根本六烦恼，见疑及无明，

缘自类及上，是故名遍行。

彼亦见苦断，五见与怀疑，

见集谛所断，邪见见疑三，

彼相应无明，不共之无明，

十一名遍行。自类所断者，

五分皆随增，坏聚边执外，

九亦缘上地。见灭谛所断，
二邪见二疑，彼相应无明，
不共无明六，亦缘无漏法，
然不得增长，无我所治故。
所有非遍行，自类五所断。
烦恼心心所，相应何者增？
漏体诸烦恼，彼系心心所，
依眼等相应，有漏善亦缚，
随有漏恶习，相值缘随增，
相系六漏门，此名有漏法。
贪嗔及我慢，无明见取见，
疑嫉与悭吝，彼名谓九结。
欲求及害心，萨迦耶见疑，
戒禁取见取，五顺下分结。
坏见戒禁取，怀疑说三结。
色无色二贪，掉举及愚昧，
及与我慢结，名五顺上分。
谄诳骄与恼，恨害是六垢。

欲有贪嗔慢，无明见怀疑，

是为七随眠。昏睡掉悔嫉，

悭无惭无愧，是名为八缚。

欲有见无明，乃是四瀑流。

欲见戒禁取，我语四近取。

贪害戒禁取，实执四身结。

贪欲恚昏睡，掉悔疑五盖。

贪嗔及与痴，名死罪垢等，

欲有无明漏。欲有无明见，

四瀑流加行。欲有见戒禁，

是为四近取。见四谛所断，

一百一十二，九修道所断，

四百一十四。厌患断及基，

远分四对治。欲界上界苦，

集灭道所断，灭尽六遍知，

断顺下分结，灭尽色界漏，

漏尽九遍知。灭有圆不圆，

名言胜义灭，有无严罗汉，

有余无余二。罗汉功德分，

三明二解脱，六通及十智，

九定三等持，八解脱胜处，

无学之十法，十遍处无染，

愿智无漏蕴。道谛为五道，

资粮加行道，见修无学道。

资粮小中大，加行暖顶忍，

及世第一法。见道见法性，

十六智刹那，苦法忍法智，

类忍类智四，集灭道四种，

许为十六智。修道分九地，

欲四禅无色，修禅色等持。

七种作意者，即明知法相，

信解寂静生，喜摄与伺察，

加行际及果。各禅正行定，

得时彼分支，初禅有五支，

寻伺喜乐住。二净喜乐定。

三禅有舍念，正知乐安住。

四二舍念定，寻伺与呼吸，

二乐及二苦，离八过四定。

爱见慢无明，染定有染者，

离彼为清净，因生果二定，

有无漏增否？将禅未至定，

初正行粗胜，及后三静虑，

许静虑六地，增前三无色，

是静虑九地。加行无间道，

解脱胜进四。通速缓及道，

难易互有四。无贪心害心，

念定四法住。止观得理四，

是当知根等，自在摄余道，

道别有种种。加行末无间，

以金刚喻定，断障解脱道，

究竟无学道，尽智无生智，

无学具十法。八圣道解脱，

解脱智与见。戒定慧三学，

解脱解脱智，现见之蕴者，

名五无漏蕴。如是略说道，
得彼法差别，破胜烦恼蕴，
死主天子魔。自在与美貌，
福名及智慧，精进缘圆满，
名六善妙缘。随念佛法僧，
施戒及天尊，自生无为成，
具足智悲力，成就自他利，
具八德是佛。道明净对治，
灭无思二寂，离贪灭道证，
法亦具八德。证法为所诠，
能诠经教法，法初中末善，
句义双善妙，不染普圆净，
具四净梵行。大乘圣僧伽，
各证如尽所，解贪著劣障，
具明解八德。信施戒听闻，
知惭及有愧，智慧悉圆满，
名圣者七财。肉眼天法眼，
慧智为五眼。戒定慧总持，

菩萨四庄严。供佛持正法，

现身入佛刹，圆度成熟众，

修刹随行境，行有义大觉，

菩萨十大愿。众生世空法，

涅槃佛彼智，心缘佛行境，

世法智相续，十种无尽处，

愿成彼所有。思除众生苦，

如是置富足，欲以身利他，

住狱亦利众，生富欲利他，

自他苦乐换，圆满有情愿，

思他利成佛，大士之八想。

闻思与禅定，事业为三轮。

无常苦无我，不净死光明，

离贪不消化，不喜灭想十，

声闻于平日，所当依止此。

空无相无愿，是为三等持。

断贪及得慧，与现法乐住，

得见智等持，说为四等持。

骂而不还骂，如是打讥毁，
怒而不还怒，谓沙门四法。
发须齿甲汗，垢大小便唾，
涕泪皮肉血，筋脂骨髓脉，
肺心肝脾肾，胃小肠大肠，
直肠膀胱油，黄水脓及涎，
胆脑及脑浆，三十六不净。
浮肿虫啖想，红青黑肿想，
啖散焚坏烂，丑陋之九想。
骨锁想如是，散收缘净贪，
部分周遍证，压断五离贪。
本性以害依，优昧及对治，
遍知断有上，无上十离贪。
父母兄姊妹，子女远近亲，
友相修慈心，慈心所周遍。
彼于我或亲，三时害六想，
利敌三种相，九害生嗔息。
天人非人护，身心常安适，

毒刃不能害，得利生梵天，

获慈法八德。若修缘起义，

除痴得慧光，分析身心界，

择修息我慢。慢过慢慢慢，

我慢增上慢，卑慢及邪慢，

是为七种慢，为寂此当修。

安念重对治，六忆念呼吸，

计数随行住，观转普清净。

世俗及胜义，许此为二谛，

精通四谛者，了知染净义。

灭除视我者，染污清净处，

何者转轮回，何者得还灭，

如何现及住，无余见真义。

第九　乘

乘数虽无量，略摄说五乘，

人天梵天乘，声缘菩萨乘，

前二增上生，后三定胜乘，

声缘是小乘，菩萨乃大乘。

预流亦来不，罗汉声闻果，

彼分向果等，成二十僧伽。

法类世俗智，他心苦集灭，

道尽无生智，是名为十智。

无师依独自，见缘起还灭，

悟四谛无我，证一半独觉。

所缘修行大，智勤巧方便，

成就事业大，具七大大乘。

以修所缘成，三无上亦胜。

心断证三大，所为依所缘，

披甲入资大，与三大等性。

无勤利众生，离边遍得智，

续际无间道，具八定生果。

大乘道略说，八十无尽法。

欲意行增意，六度四无量，

五通四摄事，四无碍解依，

二资卅七品，止观总持辩，

四法印一道，巧方便八十。

施戒忍精进，定慧为六度，

方便力愿智，增之许为十。

慈悲喜与舍，是为四无量。

天眼天耳通，他心宿命通，

神境为五通，增漏尽六通。

施爱语利行，同事四摄事。

义法词辩才，是四无碍解。

不依人依法，不依句依义，

依了不依非，不依识依智。

依此不唐捐，教证法证密。

福慧二资粮，双运道圆利。

身受心与法，是为四念住，

此四本体慧，能见真实义。

为令善生增，不善寂不生，

是为四正断，能令发精进。

欲勤心与观，是为四神足，

此四本体定，敬勤住观智。

信勤及正念，定慧五根力。

正念及择法，勤喜与轻安，

等持及等舍，是为七觉支。

正见正分别，正语业际命，

正勤正念定，名为八圣道。

断五过八行，依因生寂止。

懈怠忘教言，沉掉不行行，

五过能除彼，信欲勤轻安，

正念知思维，等舍为八行。

住相续数住，近住调寂静，

最寂一境定，住心九方便。

闻思正念知，勤串习六力。

励力有无间，无勤四作意。

身心得轻安，获止断散乱，

本性外内相，粗劣六散动。

依善断胜止，于如所尽所，

成就辨极辨，思择胜观慧。

不忘陀罗尼，忍门名义咒，

名四陀罗尼。陀罗尼异名，

异熟闻定生，异生七净地，

彼为小中大。复说八总持：

妙音及清净，无尽珍宝箧，

回旋无边际，海印莲花严，

无贪等持定，佛加持共八。

无畏之辩才，如所尽所处，

速明利深广，辩才无间断，

念慧悟因生。总持伴辩胜，

持法具觉心，且能得安忍。

诸行皆无常，有漏悉痛苦，

诸法空无我，涅槃为寂灭，

此乃四法印。趋入平等性，

一行道一行，圆熟炼通速，
三宝种不断，方便智双融，
道伴巧方便，如地金月火，
藏宝源大海，金刚山药友，
如意宝日歌，王库及大路，
车乘与泉水，雅声河流云，
二十二发心。种姓信解法，
发心行施等，无过而趋入，
成熟诸有情，修行佛刹土，
不住之涅槃，大菩提说法。
种姓如来藏，身智无别界，
本智无为法，周遍无变迁。
自性净法性，入于客尘壳，
地下宝藏等，九喻诠表知。
嗔法及我见，畏轮回舍众，
是种姓四垢。能断彼等者，
信解法胜慧，等持慈悲四。

性随增种姓，苏醒信解法，
彼从外摄持，善得方便智，
双融般若教，当具内摄持。
发心行施等，彼即趋入地，
有寂平等性，净土巧方便，
圆满成熟净，后得大菩提，
事业不间断。大乘之五道，
四念住断足，行三资粮道，
根力加行道，具七觉支得，
见道极喜地，离五畏功德，
亦得十二百。具足八圣道，
修道九地序，无垢发光焰，
难胜现前远，不动及善慧，
法云十学地。渐断二障已，
勤治一切地。如所尽所智，
上增十地际，平等现诸法，
金刚喻定中，无学十一地，

尽得普光地，真如一切法，
转依得竟德。果位彼佛地，
四身五智摄，本性与法身，
报身化身四。二净无漏界，
现基种姓性，彼智分法身，
廿一无漏德。清净所化前，
色身竟报身，处身眷法时，
具彼五决定。法界大圆镜，
等性妙观察，成所作五智，
佛智身难思。菩提分无量，
解脱及等至，胜处与遍处，
无染愿智通，四无碍解净，
十力十自在，及与四无畏，
十八不共法，与三无护念，
不失净习气，大悲一切智，
无漏廿一法。有色观为色，
无色观为色，净色之解脱，

空无边等四，灭定八解脱。

内色想多少，形色二胜处，

内无色亦二，青黄白红八。

地水火风空，青黄白红识，

能遍于一切，是为十遍处。

四禅四无色，灭定九等至。

知处非处报，界信解根定，

道前世生死，漏尽为十力。

寿心及资具，业生与信解，

宏愿神境智，法自在共十。

身缘心与智，一切相四净。

说证断道障，是为四无畏。

无误无暴音，无忘念不定，

无想无不择，无舍行摄六。

欲正勤念慧，解脱之智见，

解脱无有退，　是证所摄六。

身语意三业，随智转三行，

过去今未来，智入时摄三。

如是三六类，十八不共法。

闻不闻法俱，无贪嗔三念。

身语意断过，无覆三无护。

手足轮掌平，跟广踝不露，

臂长肩头圆，腨如鹿王相，

缦网指纤长，毛右旋上靡，

肤金色细薄，上身如狮子，

手足皆细软，七处隆满相，

颔轮丰舌长，最上味齿白，

平密四十整。绀目牛王睫，

身广直藏密，白毫无见顶，

梵音卅二相，见喜表大士。

甲铜色润高，指圆丰渐细，

脉不现无结，踝不现足平。

步匀如狮象，牛王及鹅王，

正右旋端庄。头圆额际明，

额宽复平正，发黑密而软，

不乱润齐香。目如青莲瓣，

黑白了分明，无翳视清净。

睫密眉修长，毛软润泽齐。

双耳平不衰，鼻梁隆清净，

面适唇如苹，舌软薄如莲。

齿圆尖利白，平齐正渐细，

语如雷和美。手长软如棉，

手纹明深长，身端严适度，

细分圆槐美，柔嫩无萎缩，

坚实肢舒展。无痣黑点瘢，

洁净如初拭。腰圆舒平适，

脐深理右旋，威仪净观喜，

吉祥纹动心，能仁八十好，

天等世间赞。流泽柔悦意，

可乐净离垢，明亮甘美声，

乐闻无破坏，可意调顺声，

不涩无粗恶，柔善悦耳声，
适身心勇锐，心喜悦乐声，
无热恼善知，明解显示声，
令喜喜爱声，令他善了知，
令他明解声，如理相应声，
远离重复过，如狮音象音，
雷吼龙王音，紧那罗梵音，
共命鸟振鼓，帝释善妙音，
不高不下声，随入一切声，
无缺减具足，无怯怖无劣，
令众心喜声，周遍无染污，
持续庄严声，圆满一切音，
诸根适悦声，无讥无轻转，
不卒入诸众，诸相悉具足，
佛六十梵音，摧贪嗔痴魔。
有际利乐众，平等行化身，
大菩提工巧，投生种种化。

佛业周遍常，任运无分别，

无灭而显现，如帝释鼓云，

梵日如意珠，声影虚空地，

有际任利他，瑜伽行者悟。

谁若精通乘，由乘行瑜伽，

故我瑜伽者，除慢见等愚。

尽入此无我，缘起道乘中，

能获得解脱，遍知无上果。

第十　有为无为

有为因生灭，无为则反之，

有为五蕴摄，因缘及果法。

能作俱生因，同类相应因，

遍行异熟因，承许为六因。

异熟增上果，等流士用果，

离系果五果。因缘等无间，

所缘增上缘，此等乃四缘。

无为之自性，真如之差别，

自性本清净，离客尘清净，

有垢无垢二，法人二无我，

基道果真如，空无相无愿。

外内外内空，空空及大空，

胜义有为空，无为离边空，

毕竟无散空，自性一切法，

自相不得空，无实体性空。

十六复摄四，有性无性空，

自性他性空。胜义由证悟，

相似真实二，证二谛双融。

深法有八种，生灭及真如，

所知能知行，无二巧方便。

有为漏尽中，得解脱无为，

除解不解基，我见之愚昧。

知有为无为，名通一切法。

知双融法界，证究竟谛实。

智者入门论

全知麦彭仁波切 著
索达吉堪布 译

梵音：班智达雅那让阿瓦达绕莫康那玛夏札

藏音：刻波策拉杰波够意夏累丹玖

汉意：智者入门论

顶礼三宝！

真实通达十种事，四法印义示众生，
显明句义净法藏，文殊加持入心间。
出有六坏四，寂灭文悲殊，
童子尊前礼，受持此弘法。
宣说所当知，共有十种处，
蕴界处缘起，处非处根时，
四谛与诸乘，有为无为十。

希求获得无误抉择所知理的智慧之人，就要学修依据大经大论中所说当精通的十处。何为十处？即蕴、界、处、缘起、处非处、根、时、谛、乘、有为无为法。通过抉择这十处，自然能从十种所断我见等一切恶见的愚昧中解脱出来，并增长如所有、尽所有妙慧。

第一 蕴

色受想行识，此等是五蕴。

蕴有五种，即色蕴、受蕴、想蕴、行蕴与识蕴。包含有变碍三时、远近等境、好坏相等一切法，均安立为色蕴。同样也要了解受蕴等。由于多法积聚，故称为蕴。

色五根五境，法处所摄色，
眼耳鼻舌身，色声香味触。
眼境色分类，蓝黄白红本，
云烟尘雾光，影明暗八支。
形长短方圆，高低粗细等，
余贤劣中等，内分成多种。
声内之分类，有执受大种，
无执受大种，二俱大种声。
能诠有二种，有记无记别，
有记亦有二，世间圣安立，
贤劣中三者，内分无有量。
香分妙恶平，俱生合成等。

酸甜苦辣涩，及咸许六味，

余悦不悦意，中等多类别。

所触因与果，坚湿暖动因，

滑涩轻重饥，渴冷软松紧，

足病老死息，大勇等果触。

法处摄五色，极略极迥色，

受所引遍计，定生自在色。

极微微尘铁，水兔羊牛尘，

光虮虱麦指，递增成七倍，

廿四指一肘，四肘称一弓，

五百弓闻距，八闻距由旬。

如果对具有变碍这一法相的**色蕴**加以分类，则有四种因色与十一种果色。其中因色是指四大种：地界起到坚硬与基础的作用，水界具有湿润与汇集的作用，火界能起到温暖与成熟的作用，风界起到动摇与增上的作用。十一种果色，即五根、五境合计十种，按照《俱舍论》的观点，再加上无表色，共有十一种；依据《阿毗达磨杂集论》观点，加上法处所摄色①，共十一种。

---

①法处所摄色：成为意处对境之色，如极微尘及梦中所见色，包括极略色、极迥色、受所引色、遍计所起色和定所生自在色五种。

这些色蕴从接触与观察的角度安立为有变碍，原因有二，第一通过手、棍与风等有接触，第二入定或未入定的有分别意明显地认定“此色是这样”。

五根：眼根、耳根、鼻根、舌根、身根。这五根是各自识的不共增上缘内在的一种清净色，眼根如胡麻花；耳根如扭曲的桦树节；鼻根形如并行靠拢的铜针；舌根如裂开的月亮；身根如同接触鸟时它那柔软的皮肤一样。

五境：色、声、香、味、触。其中色是眼根的对境，分类有显色与形色两种。显色包括蓝、黄、白、红四种根本显色以及影、光、明、暗、云、烟、尘、雾八种支分显色。再者，所谓的极迥色，远离阻碍他法的所触，诸如澄净虚空，影像等也与之相似。为了将诸如顶礼等有表色、上方的一片蓝天这一切都摄集在色蕴中才宣说了极迥色。根本显色的部分相互混合成为许多分别的支分。形色，总的来说包括长、短、方、圆、高、低、细、粗、平、不平，内部也有三角形、半圆形、椭圆形等多种分类。这些形色与显色都可归集在好、坏、中等三者中。

声是耳根的对境，它包括有执受大种声、无执受大种声、有执受无执受声、有记别声、无记别声。其中有执受大种声，诸如有情的语音及弹指声；无执受大种声，如水流与风等之声；有执受无执受声，诸如敲鼓声；有记别声是指能向有情表达义理的语声；无记别声则指不能向有情表达义理的语声。能表达义理之声也有世间安立名言与圣者安立名言等差别。这些声都有悦耳、刺耳、中等的分类。

香是鼻根的对境，分为妙香、恶香、平等香、俱生香、合成香。

味是舌根的对境，有甜、酸、咸、苦、辣、涩六种分类，这些味混合会形成内部的多种分类。再者也有悦意、不悦意、中等、俱生、合成的分类。

所触是身根的对境，它有因所触与果所触，因所触是指四大种，果所触又分为滑、涩、轻、重、饥、渴、冷七种，以及软、松、紧、满足、病、老、死、休息、大胆。所谓的大勇也就是不畏惧，由于身强力大而不怯懦。以这些为例，要知道领受身体外内所触的方式有多种。

五种法处所摄色

1.极略色：虽然是色法，但只有意才能认知的极微色。

2.极迥色或极明色：如上所说，不阻碍他法。

3.受所引色：指无表色。

4.遍计所起色：诸如影像与梦中的色。

5.定所生自在色：凭助禅定获得自在的力量而显现的青遍处等色。定所生自在色一类，是唯一凭借定力所显现而没有微尘积聚，为此它的因并不是诸大种，而是除此之外的色作为因。

若问：无表色到底是怎样的呢？无表色是一种获得戒、非戒与中戒的身语之业，它在散乱与无心位也不间断存在，因此不是由心所摄；最初由自相续执受的所有大种作为因产生，依靠有执受大种乃至所依没有出现毁戒或舍戒因之间连续产生；本体必定为善、不善其中之一，是身语业的一种类别。它是由以上这三种原因被安立为色的。具体来说，诸如以清净心顶礼或诵经，以嗔心殴打他众、口出粗语，这样的业虽然除了因身语的微尘以外另行不存在，但是对于身语的特殊动摇与形态，需要安立为业。自己动机所引起身语微尘聚合的这种业，他众能够了知。比如，当看到许多小石子布置成马匹等形状时，尽管看见的都是小石子，除了石子以外一无所见，可是通过看到这些小石子也能知道小石子布置成的形状。无表色也是身语特殊的业，这一点与有表色是相同的，所不同的是，无表色由动机引发的身语分，是自己的因，他众并不能了知。比如，仅仅见到他的身体并不能知道一位具戒之人的戒是如何，因此称为无表色或无见无对色。

由于根、境十种都是微尘积聚的缘故，是由色法的无分微尘组成，逐渐变得越来越大。那到底是怎样的呢？七个极微称为一个微尘。如此铁尘、水尘、兔毛尘、羊毛尘、牛毛尘、日光尘、虮子、虱子、稞麦、指节的量依次呈七倍递增。二十四指宽为一肘，四肘为一弓，五百弓称为一闻距的量，八闻距是一由旬。依靠由旬能够衡量山川洲岛等的量。

在欲界，无有根与声的任何尘都具足四大与色、香、味、触八种尘，如果有声，那么再加上声尘，共九尘。倘若有身根，再加上身尘，共十尘。如若还有其他根，那么身根与它并存，结果就有不同种类的十一尘。

受蕴之类别，乐苦等舍三，

身乐苦意乐，意苦舍受五。

眼聚接触中，所生受等六，

彼分苦乐舍，故成十八受。

复身受心受，有爱无爱受，

贪依离依等，分类成多种。

受蕴：具有领略的法相。受蕴分类，有苦受、乐受、舍受三种，或者身乐受、意乐受、身苦受、意苦受与舍受五种。从所依角度而言，包括眼、耳、鼻、舌、身、意的聚合触所生的六种受，这六种受每一种都有苦受、乐受、舍受三种分类，这样就成了意之近因的十八种受。此外，还有与五根识相应的身受、与意识相应的心受、与贪爱身体相应的有爱受，与爱不相应的无爱受，与贪爱五欲妙相应的贪依受、无有耽著的离依受等不同的差别。

名为想蕴者，眼聚接触中，

所生想等六，执义名言二，

复有相无相，狭广及无量，

无所有想六，是作彼等类。

想蕴：也就是相执，如果从所依的角度分，以眼聚合触所生之想等一直到意聚合由触所生之想间，共有六种。再者，对外境（义）[1]执相而执著蓝黄等显现，对名言执相，分别男人、女人等，内部的分类等同所知万法的数量。也有分为以下六种，1.有相想：除了不通晓名言即尽管见到色法但由于不熟知名言而不懂、入定于无相法界和非想非非想处的一切想以外其他的所有想；2.无相想：有相想没有包括的那些想；3.狭小想：了知欲界的一切想；4.广大想：了知色界之想；5.无量想：了知空无边处与识无边处之想；6.无所有想：了知无所有处之想。

名为行蕴者，相应非相应，

与心相应者，五十一心所，

受想思作意，及触五遍行。

欲乐胜解念，定慧五别境。

受想除于外，余皆行蕴摄，

信不放逸安，舍惭及有愧，

无贪无嗔痴，不害与精进，

十一善心所，体善系彼善。

无明及贪嗔，我慢怀疑见，

根本六烦恼，彼见则分五，

编者注：文中以括号形式出现的内容，是译者为了便于读者更好地理解本书所补充。括号内比正文字号稍小的文字，是对个别专业术语的解释说明。

萨迦耶见者，常断之边见，

邪见见取见，及戒禁取见。

五见五非见，根本十烦恼。

忿恨恼损害，嫉妒及谄诳，

无惭无愧覆，悭吝骄不信，

懈怠及放逸，忘念不正知，

昏沉掉散动，二十随烦恼。

三十烦恼中，坏聚边执见，

二相应无明，除外余欲界，

本体不善故，系彼业成恶。

眠恶作寻伺，是名四异转。

不相应廿四，得无得同分，

无想无想定，命根灭尽定，

生住老无常，名句字异生，

转定异相应，势速次第时，

方数和合性，依此了知余。

行蕴：是具有现行功用的法相，其余四蕴以外的一切有为法都属于行蕴。它包括与心相应行的一切心所、不相应行的得绳等所有不相应行。

心所有五十一种，如果将五见分别计算，就成了五十五种。

五遍行心所：思、受、想、作意、触。其中受与想二者前文中已经宣说，原因是，虽然它们是心所，但并不摄在行蕴中，而另行阐述。

思：心动摇、涉入对境，从所依的角度而言，包括眼聚合思等六种。

作意：心执取所缘。

触：境、根、识三者聚合而辨别自对境，作为受的所依。

这五种心所是随从一切心而产生，为此称“遍行”。

五别境：欲乐、胜解、念、定、慧。

1.欲乐：缘于所向往的事物生起希求，作为发起精进的所依。

2.胜解：执著所确定的事物，具有不被动摇的作用。

3.念：不忘失所熟悉的意义，具有不散乱的作用。

4.定：心一缘专注于所观察的事物上，具有心专注的作用。

5.慧：详细辨别所观察之法，具有遣除怀疑的作用。

以上这十种心所称为十遍大地法。

十一善心所

1.信：对于真实处生起清净欢喜爱乐的诚心，作为欲乐的所依。

2.不放逸：郑重取舍，具有勤修有寂（即世间出世间）善法的作用。

3.轻安：身心堪能行善，能灭粗重之心。

4.舍：无有贪嗔痴，心处于清净状态，具有使烦恼无机可乘的作用。

5.知惭：以自我或出世间法作为理由，警戒罪过，具有防护恶行的作用。

6.有愧：以他人或世间法作为理由，警戒罪过，具有警惕恶行的作用。

7.无贪：不贪著世间与世间资具，从而不作恶行。

8.无嗔：于有情与苦法，无有损恼之心，从而不作恶行。

9.无痴：分别抉择，不昧事理，不行恶行。

10.不害：属于无嗔范畴内的悲心，具有不损害他者的作用。

11.精进：对于善法，心生欢欣、喜悦而趋入，具有勇猛奉行善法的作用。

不善心所有六根本烦恼与二十随烦恼。

六根本烦恼

1.无明：不了知业果、真谛、三宝之理，能产生一切染污法。

2.贪：贪著三界的有漏蕴，能产生三有的痛苦。贪有两种，欲界的贪名欲贪；上两界的贪名有贪。

3.嗔：对有情、痛苦与苦处生损害之心，作为不住安乐、恶行的根源。

4.我慢：依靠坏聚见而产生的一种贡高心态，是对人不敬、产生痛苦的根源，它有七种分类。

5.疑：对真谛之义心存疑惑，具有不行善法的作用。

6.见：所有染污见，作为一切恶见的根源。

五见

1.萨迦耶见：把近取五蕴视为我与我所，作为其余见的所依。

2.边执见：将我或五蕴执为常有或断灭，有能妨碍生起中观正道的作用。

3.邪见：将业因果等本来存在的事实看成不存在，有中断善根的作用。

4.见取见：认为上面的三种恶见及生起恶见之处近取五蕴为殊胜、绝妙，有顽固耽著恶见的作用。

5.戒禁取见：对于本不是清净解脱的戒律、禁行及其依处的五蕴视为可以清净（罪过）、解脱（烦恼）、出离（轮回），有徒劳无果的作用。

这两种取见是颠倒趋入事理的恶见，也能表示耽著非为解脱方便的劣道。

以上五见均是染污慧。

五见与五非见即十种根本烦恼，其中两种取见、邪见与怀疑四者是遍计所执性，其余六种既有遍计所执性也有俱生所执性。

二十随烦恼

1.忿：嗔恨增长，真实准备以捶打等手段伤害他众。

2.恨：属于愤怒的范围，不能堪忍，不舍损害的心相续。

3.恼：忿恨为因，不能堪忍，口出恶言。

4.损害：属于愤怒的范畴，无有慈悲而进行加害。

5.嫉：忿恨所摄，自己贪图利养、恭敬，无法忍受他人圆满，以致心烦意乱、满怀不悦、心不平静，成为罪过的根源。

6.谄：由于贪图利养、恭敬等而隐瞒自己的过失，包藏恶念，虚伪狡猾，属贪嗔痴三者所摄，能阻挠获得真实的教言。

7.诳：为了利养、恭敬等，自己本来无有功德而假冒为有，欺骗他人，属于痴、贪所摄，作为其他烦恼与随烦恼的助伴，成为邪命养活的根源。

8.无惭：以自己为理由，对于罪业无所顾忌，三毒所摄，作为烦恼与随烦恼的助伴。

9.无愧：以他者为理由，对不善业无所顾忌，三毒所摄，作为所有烦恼的助伴。

10.覆：属痴与贪所摄，不纳善谏，想遮掩自己的罪过，成为不知悔悟的根源。

11.悭：由贪欲之因所生，对于资具等所有财物紧抓不放，不愿惠施，不减少资具。

12.骄：以喜爱、贪执无病、韶华等自相续具备的有漏圆满之心而自满自大，作为烦恼与随烦恼的根源。

13.不信：属于痴心所摄，对正净处与善法不起信解，是懈怠的根源。

14.懈怠：爱著于睡眠、靠垫、倚坐等舒适的劣事，而不乐奉行善法，松懈懒散，是精进的违品。

15.放逸：以三毒及懈怠为因，不谨慎善恶取舍，是不放逸的违品，具有增长不善、减灭善法的作用。

16.忘念：对于善的所缘不能铭记在心，与成为正念之违品的烦恼相应，是失去正念、令心散乱的根源。

17.不正知：是与烦恼相应的一种散乱慧，不能随时了知三门之行，成为犯罪的根源。

18.昏沉：属于痴心所摄，由于身心沉重而无法趋入所缘，成为向内收敛、心不堪能、烦恼的根源。

19.掉举：由趋入喜爱之相的贪心所摄，心散于对境中，无法堪能，无法寂静，阻碍寂止。

20.散动：属三毒所摄，心动摇流散于对境中，不能一缘安住于善所缘，它有内散动、外散动、相散动等分类。

以上二十种烦恼从属于根本烦恼，与之相随，故称随烦恼。

四异转

1.睡眠：依靠睡眠的因而对善不善、理非理、时非时等无有辨别，五根识内收，为痴心所摄，成为失去作为的根源。

2.恶作：心中对过去所作之事不欢喜而挂碍在心，能障碍住心。

3.寻思：依靠心识或智慧对所缘事物，以遍寻之意诠说，笼统执著其粗略相状的心所，例如看到远处的色法还没有分出是碗与瓶子的差别，只是认定它而已。

4.伺察：依于心识及智慧精细地以妙观察之意剖析认定事物差异的心所，诸如，认清瓶子是崭新的、没有破裂的。

这四种心所根据等起和意乐的差别而相应成为善、恶、无记法，为此称为四异转。

以上这些心所主要是以区分遍大地法与善恶心所的差别来宣说的。

此外还要清楚，由思与想等执著相的差别中形成了有厌不厌、难不难、忍不忍等极其众多的异名，所有这些均是与心相应之行。

虽然不是心所那样的行，但必然属于有为法中，而且既不摄在无情法也不归在心识中的法称为与心不相应行的法。由此可知，无情法、心识与不相应行这三者可涵盖一切有为法，微尘组成的是无情法，明、知是心识，不是前两者的一切有为法是不相应行。

不相应行

1.得（也叫得绳）：自相续中的善、不善、无记法任何一种，前所未有重新获得（新得），已经获得持续具足（具得），由于既属于相续的法又是有为法，因此名为不相应行。

2.无得：善等在自相续中得而复失、灭尽，称为无得。

3.众同分：生于各类有情中缘分相同的法，称为同分或同类。

4.无想定：已经离开遍净天的贪欲、尚未远离上界贪欲的补特伽罗通过作意，使心与心所相续不稳固，六种转识暂时得到灭尽之定，在遮止心与心所的这种阶段，凭借定力前所未有重新获得。从中出定，由于灭尽的缘故，虽有生灭，但仍然属于一种既不是无情也不是心识的法，因而安立为不相应行。

5.无想：由修（无想）[①]定而往生到无想天中的补特伽罗（灭除心、心所法），即是无想。

6.灭尽定：有顶的心再求上进，先以无我与寂止想使不稳固与稳固的心所中包括染污意识所摄的一切法俱灭。

编者注：文中以括号形式出现的内容，是译者为了便于读者更好地理解本书所补充。括号内容与正文字号相同的文字，是因藏汉行文方式有异，译者为连贯前后文所添加。

安立（无想定、无想、灭尽定）这三种不相应行时，必须要懂得它们是灭尽心与心所的一种能力。稳固的阿赖耶不被无想与二定所遮，由此可以使心再度生起。

7.命根：同类有情由宿世业力所感安住一定时间的寿命。

8.生：前所未生的所有行，现在产生。

9.住：它的相续存在。

10.老：相续变异。

11.无常：相续坏灭。

以上这四种（生、住、老、无常）称为表示有为法的四法相。

12.名身：单独表达柱子、瓶子等事物本体的一种实词。

13.句身：对应能说明事物本体与差别的别名。

14.字身：作为组成名、句二者根本的阿等文字。

这三种不相应行为语音所摄，然而与单独的声音有所不同，它们从假立为心的表相而言，属于具足所诠、有记等能力的行法中。

《俱舍论》中只讲了以上这十四种不相应行。

《阿毗达磨杂集论》在前十四种上又加上异生性、流转、定异、相应、势速、次第、时、方、数、和合性，共二十四种。

15.异生性：未得圣法者，是所安立无情、有情中的补特伽罗之类别。

16.流转：因与果连续不断运转。

17.定异：因果各别，互为他体。

18.相应：因果前后随应等同。

19.势速：因果迅速出生。

20.次第：因与果一一按顺序产生。

21.时：因果连续生起的分际。

22.方：十方中均存在因果，由此得名。

23.数：所有行各个分别计算而安立。

24.和合性：因果的外缘聚合阶段。

以这二十四种为例，无情、心识分位安立的法必然摄在有为法中，要知道，也有许多既不应摄在无情中也不应归在心识中的法。

识蕴即眼识，至意识六识，

及染意藏识，承许八识聚。

识蕴：了别一切法各自的本体。分类有：眼识、耳识、鼻识、舌识、身识、意识六识聚，也就是从依靠增上缘的眼根而生起认知色法的眼识，直至依靠增上缘的意根产生、了知不共自境的法界与此外所有法的意识之间。唯识宗的经论中承许八识聚。意识之类别的染污意，是恒常执著自我，缘于内在阿赖耶识而与我见、我慢、我贪、无明这四烦恼相应的心，除去现前圣道、灭尽定、无学地以外成为善、不善、无记的一切心，就称为染污意。阿赖耶识则是受持被蕴界处完全熏染的种子之心基，唯明唯知，无所偏断，从留藏能显现产生处、境、身之种子的角度称为阿赖耶识，也叫取识。虽然显现处、境、身体，但就像梦中的景象一样，仅仅从阿赖耶识显现它的角度，也称为异熟阿赖耶或异熟阿赖耶识。有者认为心、意、识实际上是义同名异罢了。还有承许心是阿赖耶识、意是染污意、识是六识聚的。

一切有为法，集于五蕴故，

亦语基具因，世间见处有，

欲乐与爱染，近取有漏蕴，

称有诤苦集，亦有出离名。

知五蕴类别，则执我唯一，

恶见得遣除，精通有为法。

由于五蕴涵盖一切有为法的缘故，它也是组成时间等许多异名和安立的来源。为此，五蕴也称为时、语基、出离、具因，也叫世间、见处、有。正因为以欲乐、爱染的方式近取，所以有漏近取蕴，也叫有诤、苦、集。

蕴品终

第二　界

眼色眼识界，耳声耳识界，
鼻香鼻识界，舌味舌识界，
身触身识界，意法意识界，
六根六境识，如是十八界。
六灭无间识，彼则名意根。
法界分十六，择非择灭空，
善等三真如，无想灭尽定，
此二为无心，八种无为法，
受想行法处，及与五种色。
如是十八界，总集所知法，
当知有无漏，此等分类别。
六境所取因，六根是能取，
六识能取彼，证则除我见。

十八界

由色蕴安立十界，是哪些呢？眼界、耳界、鼻界、舌界、身界五界，色界、声界、香界、味界、触界五界，共十界。七种识界：眼识界、耳识界、鼻识界、舌识界、身识界、意识界六界，再加上意界。所谓的意界也就是意根，它是六识灭尽无间产生意识的根。所谓的法界是指受、想、行三蕴、无表色及一切无为法。关于其中的无为法，《俱舍论》中宣说了抉择灭、非抉择与虚空三种。如此承许有七心界。唯识宗等再加上真如，共有四种无为法。《阿毗达磨杂集论》中承许善真如、不善真如、无记三真如、无想、灭尽定时的二无心位，再加上述的三种，合计有八无为法。其中抉择灭：依靠分别思择之智慧等道的力量永远离开所断烦恼等的无为法之分。非抉择灭：并不是以分别思择来阻止，而是由于因缘尚未具全使某种法上不存在某法，如马头上无角。诸如在某一方位无瓶之类一切不存在的类别都包括在这里。虚空是无有变碍的，不遮障一切作为，畅通无阻。善等诸法的真如就是法界。无想定是“不动摇”。灭尽想、受的是灭尽定。这样一来，法处的五色，受、想、行三蕴以及八种无为法，这十六种合称为法界。

从眼界到意界、色界到法界、眼识界到意识之间三类六种，共有十八界。其中眼、耳、鼻、舌、身、意是能取六境的因或种姓或种子之义，色、声、香、味、触、法是所取的因或种姓或种子，眼识、耳识、鼻识、舌识、身识、意识这六界是直接取对境的因或种姓或种子之义，也就是说，所谓的界具有因或种姓或种子的意义。

另外，所谓的士夫六界，是指地、水、火、风、空、识六界，也就是身体的四大，内在空隙部分是虚空界，再加上识界，以此为主用界的名称安立的其他分类实际也无不摄于十八界中。

界的详细分类有十八界，其中属于有色的有五根、五境十界与法界的一部分，剩余的为非有色。眼前有见的唯一是色界，其余均为无见。相互有对的是五根、五境，也就是十色；剩余的均是无对。

无漏法，是指最后的意界、意识界与法界中属于道谛的心所、无为法；除此之外的其余所有界是产生烦恼的现量行境，因而是有漏法。

欲界中具足一切界；色界中具有香、味、鼻识、舌识界以外的十四界；无色界中有最后三界（即意界、意识界与法界）的部分。

七心界，色、声、法界这十种有善、不善、无记法三种，剩余都是无记法。

色、声、香、味、触、法六界是外界，其余的十二界是内界。

有缘，是七心界与法界的一部分心所，剩下的所有界均是无缘。

有寻，是意、意识的部分和法界的一部分心所。自相续之受所摄的有五根与内在的色、香、味、触共九种。法界的一切分是常有无为法；其余的均是无常有为法。五根与心、心所是能取，其余均是所取。有寻有伺的是五识界；意、意界一切心所存在有寻有伺、无寻无伺、无寻有伺三种；剩余的所有界均是无寻无伺。十色界是微尘积聚的，其余是非积聚。既是能断又是所断唯有色、香、味、触四界，燃与量也是如此。

十色界与眼识等五界是修断，最后三界有见断、修断、非所断三种。

如果分析三生的差别，则内五根有异熟生与长养生。自己同类的等流生与异熟生是七心界、法界的一部分心所即八种无对界的一部分。

声音无有相续，因此不是异熟生，声音是否动听的因——喉咙的形状等是异熟生。根群体中存在的其余所有界均有等流生、长养生、异熟生三种。所有外界唯一是等流生。所谓的长养生，也就是长养身体的四因，即饮食、按摩涂香等方式、睡眠和等持这四种。

所有根，在作为自识的直接所依同时，诸如清醒时缘取色法的眼根，是有依根，相反，诸如睡眠时的眼根，称为相应根。

上界的身体不是下界的眼依，因为自地具有更殊胜的眼根。下界的眼根不能见到上界的色法，原因是上界的色法细微，耳根也是同样。如果在欲界依靠修行力获得了天眼、天耳，则以那一静虑地所摄的大种为因造出的清净根在自己的眼与耳附近产生，那个根恒常是有依根，没有聋、盲之类残疾的情况，并且远处、细微、有遮障、有阻隔的色法也都能够见闻。一禅的根可以了知自地与欲界的行境……其余可类推。阿罗汉所具有的天眼能见二千世界、麟角喻独觉能见三千世界，佛陀能照见无数世界。这种天眼虽然也有不是依靠今生修禅定力所致，而是前世修行等异熟生与生俱来的，但这种天眼不能见到中有。应当了解诸如此类上下界的根、识各种产生情况。

界品终

第三　处

眼耳鼻舌身，意色声香味，

触法十二处，眼色至意法，

应用处之名，七识界归意。

意乃诸有境，有寻意于法，

实假现遣余，违属境有境，

依种种名言，不昧所知义。

眼界与眼处是同一意义，仅仅是各品安立方式不同而已。同样，十色界每一界也就是它的处，法界即是法处。七识界包括在意处中，从眼处到意处、由色处到法处之间，共有十二处。从眼至意之间的内六处是能取，色至法之间的外六处是所取，通过能取、所取的途径成为产生、起现识境的门，因此称为处。

尽管五蕴可以涵盖一切有为法，但并没有包括无为法，无为法可摄于界、处之中，所以说一切所知万法均可包括在这两者中。

上文中已宣说了界的详细分类，实际也如此了知。在本品中，由意处、法处展开来阐述名言的某些安立。意也了知眼等的对境——色等，五根，也是以与识随存随灭的方式来了知它们的存在，因此意是一切所知的有境。不仅如此，而且因为为一个识相续所摄自证的缘故，五根识连同意本身都成了无分别意识的对境，为此意是一切法的有境。有分别意可以命名外内一切法，通过这种途径对万法不愚昧。所以说，意是诸法的有境，能认知诸法的意义，是取舍的作者。如果意善，那么其他识也将善妙等，根据意识的作意，其他识才能于对境进行取舍等，因而意为主要。如世尊在经中说："诸法之前意先行，意者迅速意为主。"很显然，一切能知均可归集在心识中，一切所知都归集在法中。心识包括五根识和意，五根识是无分别的，意具有分别与无分别两种。无分别识的对境即地点、时间、行相互不混杂，自时的自相与名声也不可混杂。有分别的对境也仅是瓶子等诸法各自义总相在意前显现，这可以与名称相混杂，称为义共相或名言义。谙熟名言者通过把它与名称混合而认定，再以对境、时间、行相混合的方式对瓶子等万法进行各种安立。所知，可分为有实、无实两种，有实法可分为无情、心识与不相应行三者，它们也是归摄上上中，所知与有实法是无情法等之总法，无情等是它的别法。不观待假立自己实体存在，如蓝色；仅以假立而存在，如总法等。无分别识通过显现的途径趋入实体，有分别识依靠遣除非它的别法，也就是遣余或否定，或者遮他的途径趋入假法。这样的假法，就称为反体。遣余，从遮遣外境自相以外的本体存在的角度而言，有外境自相遣余与相应遣余执著的心识遣余两种，依靠遮遣或否定的力量，如果否定了其他非瓶，那么就肯定成立了瓶子本身，在瓶子上面，从遮遣非所作的角度立为所作，遮遣常有的侧面立为无常，诸如此类，有许多辨别反体法的安立。

显现所取境，耽著照了境，

有境识分七，现而不定识，

伺察意不悟，颠倒识怀疑，

现量及比量，二种已决识。

识摄四不悟，颠倒疑正识。

遣余境心二，肯定与否定，

非有不容有，别有义基自，

三反体等类。

有境识有四类：不悟识、颠倒识、怀疑与正量识。不悟识的类别，有现量现而不定识、不依靠比量的伺察意两种，它们是从意识不能引出决定的角度安立的。颠倒识就是颠倒执取。怀疑是三心二意、悬而未决。正量识，有作为因的现量和比量两种，这二量的果是已决识即定解。

四种境：有显现境、耽著境、照了境和所取境。显现境，诸如色等一类，无分别识的对境。耽著境，是指有分别识将义共相耽著为对境。这两种境，从作为士夫行止之对境的角度而言就叫照了境，从是心识所取的对境的角度称为所取境。

以上是境、有境的安立。

相违分二种，不并存互绝。

初心境相违，次直间接违。

相属有二种，同体及彼生。

名言自类别，心名用三者，

见闻及辨别，领受四名言。

建立是与有，无遮非遮破，

破立四支名。

相违、相属之安立：

相违：有不并存相违与互绝相违两种，彼此不能持续平衡相伴并存，是不并存相违，它包括我执、无我执之类的心识相违及热触、冷触一类的外境相违两种；互绝相违，有常与无常之类的直接相违、常和所作之类与对立所遍相对立的间接相违两种。

相属：包括诸如所作、无常一类不同反体在瓶子法上无有异体的同体相属和诸如火、烟之类的彼生相属两种。

“瓶子”是假立的事物，腹部隆起是能安立瓶子的法相；它所安立瓶子的名称是名相；作为建立这两者任何一种的差别基，名相之类别金瓶，是事相。

以上是法相、名相、事相的安立。

诸如瓶子，是差别基有法，它上面瓶口、瓶腹、瓶柄等以及所作、无常等尽其所有的法，叫作差别法。

再者，所诠与能诠之安立：所观察的外境事物，它的义共相浮现在心里的显现和假立混为一体，能得到所表示的事物。如果对此加以分析，那么依靠名称真实的所诠是义共相，耽著所诠是外境自相；真实能诠是名言共相，耽著能诠是名言自相。然而，有分别意将名言与名言共相混为一体而认定能诠，将外境与义共相混为一体认定为所诠，进而由能诠句中证知所诠义。

依靠诸如此类符合名言的这些安立而对所知意义不愚昧。名言中从心、语、身的角度安立为心、名、用三法。

从命名之因的角度来说，有凭借根识现见而命名现见的名言、通过可信的词句听闻、依靠自己的意分析辨别不同、借助自证领受而命名四种方式。再有证成是、有的建立和无遮、非遮的遮破，是立式的名言破立四支。应该以此等为例通达名言的安立。

诸法归现色，心王属心所，

及不相应行，无为五事摄。

所用外六境，内六能受用，

彼等种种处，除我享者执。

以上有关蕴界处的论述，色蕴由十处、十界以及法界法处的一部分所摄。为此，法处的这个色称为五蕴中的色，而并不单单是五境中的色。影像与回音之类不是眼识、耳识的对境，在名言中这样承认虽无相违，但由于它们不具备任何真正的色、声，为此仅仅是无而明现，归在法处的色中，而不摄于色处声处中。属于五境类别的色：1.有见有对：诸如柱子、瓶子一类的色；2.无见有对：在眼等根依所见之内极其澄清如阳光般存在着的，以普通根无可执取，但承许是有质碍的；3.无见无对：无表色。尽管只是宣说了这三种，然而很明显可以把影像安立为有见无对色的名言。识蕴，为意处和七识界所摄。其余三蕴与色蕴的一部分——法处的色、无为法由法处和法界所摄。所有这一切都可包括在色蕴、意处和法界三者中。还可以归属为**所知五事**：1.显现色法：色蕴，如前所说；2.心王：六识聚或八识聚；3.从属心所：一切心所，也就是受想的五十一心所；4.不相应行：如前所说而了知；5.无为法：如前所说而了知。

处品终

第四　缘起

内外一切法，依于缘起生，

与外之因系，种芽叶枝茎，

花果次第生，彼系六种缘，

即地水火风，虚空以及时。

什么是缘起呢?

内外所摄的一切法并非无因产生，也不是由非因、我、时间、自在天等其他常有的作者之因所生，而是依靠各自的因缘、缘起聚合才产生的，这就叫缘起，讲说这种道理是佛语不共的自宗。外界的一切法，以种子生苗芽等的方式依缘而起，内在的法——上、中、下有情的诸蕴以缘起十二支的方式而生。那到底是怎样的呢?

外缘起以七种与因相联及六种与缘相联的方式，通过种子生芽的比喻表示来理解。

七种与因相联：种子、芽、叶、枝、茎心、花、果，由前者次第产生后者，作为近取因。

六种与缘相联：地、水、火、风、虚空、时间六种，按顺序，地能使其稳固、水能收摄、火能成熟、风能增上、虚空提供空间、时间次第变化。这些俱有缘作为产生芽到果之间六者的助伴。

内缘起十二，有此而生彼，

无明行与识，名色六处触，

受爱以及取，有与生老死。

内缘起是与因相联十二支，是哪十二支呢？如经中云："所谓缘起，即此有而此生，此生故生此，以无明之缘生诸行，以行之缘生识，如是类推名色、六处、触、受、爱、取、有、生至老死之间。且生忧、哀、苦、愁、烦乱，将生起唯一大苦蕴。其中，无明灭使行灭……直至生灭而使老死、忧等唯一大苦蕴灭。"

缘起十二支

1.无明：不明谛实义，对于三界自地的诸蕴起常、乐、我、整体、唯一、有情、我所想等，不符合万法自性颠倒执著的愚痴、能遮障真实义的妄念就叫无明。

2.行：如果有了我执的无明，那么由它驱使就会出现贪嗔痴所生的福德善业、非福德不善业和不动业，以至于在识上播下后有的种子，由此称为行。以善业形成善趣的身份及安乐，由不善业导致恶趣的身份及痛苦，以不动业形成上二界的后有。

3.识：行产生趋往后世生处的识，能引转世的种子安置在识上，这是能引之识，一旦外缘聚合后就牵引到有的生处，这叫所引果识。这两者实际上同是能成后有识的分支。

4.名色：由识的牵引，结生于胎中时，识、受、想、行四名以及与之并存的膜疱等色，这些名色支以三角架般相互依存的方式受生为有身。

5.处：名色位圆满产生内在的眼等六处。

6.触：从境、根、识三者和合而产生辨别外境变化的眼触等六触，即是触支。

7.受：由触产生乐受、苦受、舍受，即是受支。

8.爱：依靠受不愿离开乐受的贪爱，希望避开不乐的坏爱，平庸处于等舍状态，对色到法之间的六境生起爱恋，总之，由受的因中品味对境，并生起喜爱、耽著，能招引对境，即是爱支。它有欲爱、色爱和无色爱三种等分类。

9.取：由爱中，但愿我不离开可爱、安乐的本体，贪爱更为增长，取受对境，直接行，即是取支。如果对此分类，也有说欲取、见取、戒禁取、我语取四种。

10.有：取通过身语意造作形成后有的业，即是有支。它包括三界的三有等分类。

11.生：依靠有的力量，一旦顺缘和合，于后有之生处中直接受生，首先出生，身体成长，住众同分，即是生支，它是那一所依感受所有痛苦的根源。

12.老死：生后诸蕴相续变异的老、相续泯灭的死及以此为主内在的忧恼、从中发出哀号、五根识相应的痛苦、意识相应的意苦、另外不悦的所有随烦恼产生烦乱，总之这唯一的大苦蕴就是来源于投生轮回。生由有产生……有了这些前前支，就会产生后后存在的名言，前者产生并起到生后者的作用。如果前者不存在、没有产生，那么就不会产生后者。结果苦蕴将泯灭。

无明爱取惑，行有二是业，

余七则为苦，摄略集苦二。

有无明顺生，不断如火轮。

无明灭逆次，十二谛义成。

六缘系地水，火风空及识，

依缘空作意，生眼识等法，

因缘众合生，非时自在等。

讽诵灯镜印，火晶种酸声，

令蕴结生者，不迁亦当证。

了悟缘起义，非常断非迁，

小因果亦大，因果知同类。

诸法非无因，非余非因生，

缘起显现故，除我作者见。

因缘缘起现，无生性寂见，

不昧证三时，八圣道诸法，

真见佛法身，见缘起者见。

与缘相联：无明等一切烦恼均是由所缘境与内在的根等作为助伴而产生，业也是如此，痛苦的根源名色等七种，是依靠内在的坚硬地界、湿润的水、暖热的火来消化食物等，呼气、吸气等的风界，无阻碍孔隙的虚空界及识界，这六界作为俱有缘而产生。眼识是以所依眼根、所缘色、显现、无障的虚空和意乐作意五者并存而生。同样，其余识也相应类推来理解。

如是外内的一切法各自的因缘需要样样齐全，其中任何一种不具足就不能产生，如果完整无缺，那么必定产生，这就是缘起的规律，从无始时以来相续流转，并不存在我和自在天等任何作者，所有因并无有“我要产生这些果”的想法，一切果也不会想“我是由此所生”，然而因果的缘起具有五种特点，是哪五种特点呢？1.种子不灭而存在的同时并非生出苗芽，而种子灭亡后才生出苗芽，因此不是常有；2.并不是由种子泯灭相续中断中产生，种子灭亡和苗芽产生就像秤杆的高低一样不间断产生，因此不是断灭；3.种子、苗芽从本体和作用的角度而言不是一体，因此前者不是迁移到后者中；4.小的种子能生出大的果，为此小因成就大果；5.诸如小麦的种子生出小麦的苗芽、善业产生安乐，是因果同类的相续或等流。通过这五种方式来了知内外的一切因果。按照所说的“讽诵灯镜印，火晶种酸声，令蕴结生者，不迁亦当证”来理解。如果通达了这一道理，那么就会认识到这些法仅仅是缘起的无欺显现，而不是自生、他生、共生或无因生，也不是由时间、自在天等作者创造的，命、补特伽罗、作者、我、法的本体均不存在，虚无缥缈、无有自性，从而远离分别“我以往、现在、以后如何”之边等的动念，具足无生法忍，将获得一切佛陀“无上菩提”授记。

如是缘起十二支，在没有断除无明之前相续流转，依靠前世之因——无明和行，产生现在的所引果识，又以烦恼爱取积累能形成后有的业，直至有之间。后世随着业而受生于某趣，那个所依身份感受老死等轮回痛苦，如此变化的那个所依身份，对于有色界的一切有情来说，也是从识至有之间产生。如果转生到无色界，那么从识至四名蕴所摄的有之间产生，不管投生在哪里，都会产生其生和老死，又再度依靠业和烦恼牵引而受生其他世，就这样如同旋火轮和水车轮般反复流转、漂泊于三界轮回。

总体了解了连续产生的方式后，再进一步分析在几世中圆满，前世、现世和后世三世中圆满的道理如刚刚所述那样。前世阶段蕴所摄的无明，由爱取的驱使造业牵引后世的受生，从识至有之间，也产生老死，因此也有两世圆满的。无论如何，相互依存连续产生，这叫相续缘起。另外，十二个成事刹那中具足的道理：比如以杀生为例，由无知而去操作是无明；如是造了那种业是行；生起当时的心识，当时的名色，用利刃击中六处等的触、当时自他的苦乐受，喜欢杀生而实施是爱，从中取受后面的部分，造业时的蕴是有，从中生起现在和后面分，它变异、泯灭是老死支，承许这种方式是刹那缘起。如果相续缘起十二支归纳起来，那么无明、行、识三者是能引支；名色到受之间四者是所引支；爱、取、有三者是现成支；生和老死是成就支。还可以归属于三种，即无明、爱、取是烦恼；行、有两者是业；剩余的七支是七苦源。这三种按照次第，取名为烦恼染、业染和寿或生染，因为能使一切众生染污的缘故。再者，按顺序也分别称为烦恼依他起、业依他起、苦依他起。三种烦恼中产生二业，从中产生七种苦源，由七种苦源中又再度生起烦恼和业，就这样持续流转。十二支中，二业三烦恼以及所有识能摄集其余一切支的因是，无明、业、爱、识四种。爱、取是爱；行、有是业；识犹如种子；业好比田地；爱如湿度；无明如同播撒和肥料。这四种，在一切轮回趣中能形成名色的苗芽。这些顺次缘起归纳起来，二业三烦恼是作为因的集谛所摄，其余七种是苦谛所摄。从逆次的角度而言，凭借证悟真谛法性的智慧断除无明，去除二业三烦恼，即是道谛，七种痛苦的根源灭于真如中，为灭谛，也就是谛实义十二行相之自性。如此缘起堪为佛陀法藏之中最珍贵最甚深的，如云："谁依慧眼现见缘起，彼现见八圣道之自性法。是以智见通达一切所知，见佛法身。"

缘起品终

第五　处非处

何法生不生，何法处非处，

分类无有量，七依他起表。

不欲欲清净，平起驾驭得，

威仪依他起，是说共有七。

能知处非处，明处数有十，

工巧医声因，内明大五明。

词藻剧历算，律诗小五明。

处、非处遍及一切所知万法，由某因生不生某法的差别，诸如，善业中产生安乐而不生痛苦，稻子的种子生自己的苗芽而不生青稞的苗芽，证悟无我获得解脱，这些是处。执著有我获得解脱是非处，火是热性，它无有寒冷是处。所知万法的自性有各种处和非处。仅表示这一点说了**七种依他起**：1.不欲依他起：诸如，依靠不善业趋向恶趣；2.欲求依他起：诸如，依靠善业转生善趣；3.清净依他起：诸如没有断除障碍不得清净；4.平起依他起：积累无与伦比的业，要么成佛，要么成为转轮王，这两者不会并存；5.驾驭依他起：诸如以女身不能驾驭轮宝等七宝；6.获得依他起：诸如，以女身不能获得独觉；7.威仪依他起：诸如圣者不行杀生等。这些都是以处、非处的依他起所致，并非可随心所欲任意而为，这就叫万法的法尔。要以此为例了知一切法有是处、无是处，集谛之因中产生痛苦，道谛中出生灭谛等，是处，而道中生苦、集中生灭是非处……缘起的道理，四谛的行止所摄的一切都归属在此范畴中。

总之，一切所知明处就是为了解处与非处，依靠工巧明能了解所做的事是好是坏的界限；依靠医方明能了解除不除病的对治等；依靠声明能通晓名称等自性，运用它的缘及从中变异如何而为的处与非处；凭借因明能了知，由某个能立是否能证成某个所立的道理；依于内明能认识到诸法的真如并能知晓所追求的主体是真实的道谛和灭谛。同样，依靠辞藻学，能了解各种名称涉不涉及某种意义；依靠历算了解如何计算等之处；依靠戏剧，通晓各种语类；依靠诗学能明了文笔美妙与否；依靠声律学能认知偈颂的轻重等处非处。然而，在这里只是简明扼要地论述内明中的宗派，因为如果懂得了这一点，那就精通了处非处的意义。

外道五论议，数论吠陀裸，

胜论顺世派，略摄常断二。

宗派包括应舍的外道和应取的内道。内道外道的差别，仅仅以承不承认三宝是真正的皈依处来辨别。这些宗派中，外道虽然有六十二种见解等众多的分门别类，但概括而言，就包括在论议五派中，他们各自的观点也有许多，这一切归根到底就集于常派和断派中。所有常派就是把我、时间、自在天、梵天、遍入天看成是一切世间的作者，认为它是常有，为了获得这样的恒常果位，而令天神欢喜，也有修禅等道。所有断派声称："以前的业等因不存在，现在的这个世间是由自本体产生。心是由四大中突然产生的，死亡时相续中断，因此为了成就解脱而努力修道枉然无义。"所有这些都是说有我。

佛教对此加以分析，常有的因不能做产生世间的事，因为一切世间同时产生不可得，如果次第产生，那么因就成了无常。再者，倘若那个作者有另外的因，则作者就成了无穷，也成了无常。如果没有另外的因，就无有证明它存在的理由。再说，假设他是故意造作，那么就成了受意乐控制，成了无常，并且造出苦难的有情也不合道理。如果不是故意造作，那就说明他无有自在，供养他也不会得利等等，通过此等多种正理予以遮破。无因生绝不可能，假设无因产生，那就成了随时随地恒常无差别而出现，因为你们承许虽然无因但万法的自本体就存在的缘故。或者苗芽等何时何地永不存在，因为你们承认种子、水分等聚合也不是它的因，为此谁也无法产生。如此一来，一切有实法，在因缘聚合的时间地点里就存在；倘若因缘没有和合，就不存在，是偶尔性的缘故成立由因所生。再者，如果认为"心识是由四大种中重新产生的"，那么也就失毁了你们自己承认的诸法无因。明明可见现在的心识是由自己的近取因——前面的心识中产生，相续流转。为此，不可能无有先前自己的近取因而由无情法中产生，否则就如同石头中生苗芽、黑暗中生光明一样。如果见到明知之识的相续就好比熟练读诵等一样，前前产生后后，接连不断，那么在因齐全的同时死亡之际，相续怎么会断灭呢？如同无损的种子具足水等外缘或者大江的相续流淌一样。如若这般进行观察，就会发现如果各自的因存在就会产生、假设因不具足就不产生这样的缘起以势事理可成，并不是由自在天等因所生，也并非无有因。所以，依缘而起的这个五蕴，无有我和作者，因为与蕴一体他体均不可得。

有部及经部，唯识中观四。

境根识聚缘，彼生识有相，

自证与境证，有无分别等。

遍计依他起，圆成实三性。

析因金刚屑，析果破有无，

析体离一多，遍析大缘起。

由异法依他，知处非处理，

执我普驾驭，愚痴尽除已，

不昧诸所知，获得广大智。

内道佛教四宗派：有部、经部、唯识、中观。

其中，有部宗承许所知五事和三时等实有，基成实的某某法存在，因此他们认为“一切有”。诸如瓶子等，用（铁锤等）可摧毁或以智慧可破析，这类法在世俗中存在，无可摧破的无分微尘和无分刹那在胜义中存在，是一切法的组成基础。他们认为世俗和胜义中存在这两者，也是法各自本体实有不空；人我与蕴既非一体也非他体，因此无有实体。依于眼根等的识无相直接取与自己同时的对境，他们不承认自证，承许生等一切法相与有实法是异体，诸如此类有许多名言的观点。

经部宗，有关无分微尘、无分刹那和无我的观点与有部宗相同。他们认为不相应行及无为法不成立实体，仅是遍记所执性。不相应行只是对无情、心识的阶段假立的，而并没有另行独立自主存在的自本体。无为法是遣除所破而假立的。由前面的对境、根、识三者聚合的因中产生现在的眼识等。那个识缘取在心里浮现出对境的行相，而不直接缘取对境，对境是以能指点行相的隐蔽因而存在。一切识都能自证，一切有实法由四缘中产生，是自本体刹那泯灭的有法，有实法与其法相——生等无有他体，只是从反体的角度命名的。他们衡量外境具有事势理，证悟所有假立无有成实的本体等，无倒衡量有实法外境的有些道理胜过有部宗。所有不相应行虽然是假立的，但符合名言，因此需要承认是在有实法上存在的法。要知道，如果有部宗的观点完全是遍计所执，那么就成了在有实法上不具备无常。同样，需要承认虚空等无为法也是在名言中存在。

唯识宗承许，如此的一切显现只是从无始时以来熏习种种分别妄念的习气留存在阿赖耶识上的力量，阿赖耶识本身呈现处、境、身的显相，除此之外无有他法，为此一切只是心的显现，就如同梦中的景象，识以外的外境并不成立，所有粗大有实法剖析到最后的组成基础两种无分在胜义中也不成立，因为无分微尘在组成粗法时，中央一个微尘如果由六方微尘或十方微尘环绕，那么不同微尘就各有接触的一分，如此一来就成了有分；如果没有六方微尘或十方微尘环绕，那么即便多少微尘聚合也不会越来越增大，因此不可分割的无分不成立，仅是假立而已。时际的无分刹那也是如此，自己前后的无分如若有不同方分，那么就成了有分，假设没有不同的方分，那么时际的刹那无论积累多少，相续也不会变长，都仅仅是刹那。为此，方、时所摄的一切显现唯是自心的显现。这样的缘起显现就称为依他起，因为是以缘起依他起而显现，并不是以自体性显现。对依他起的这一显现，增益为种种有为法、无为法的本体及补特伽罗的二我就是遍计所执性。遍计所执性的行境二我在依他起心识上是空性，这就是圆成实，即法性。非一切戏论之境的所取、能取空的自明心识在胜义中存在。

中观宗对此认为，犹如外境不成立一样，能取的心也不成立，这两者都是缘起的显现，同等无有自体性，不是戏论之境的识实有也唯是假立，只要自本体存在，那就是可得的法。如果观察其本体，则毫不成立成实。如此诸法是以缘起才无欺显现的，而自本体少许也无成实，因此住于空性中。这样的空性、缘起只是从反体的角度安立不同，实际上不成立他体，双运之义离戏各别自证，就叫法界，它远离常断现空等边，是依靠中观道所证悟的，所证的本性中空性缘起是一义无别，或称双运、平等。

中观宗如实抉择了实相，因此在一切宗派里是至高无上的。有部、经部属于小乘的宗派，中观、唯识是大乘的宗派，因为中观和唯识都同样承认从发起世俗和胜义心起，实修大乘五道十地之义，结果成就不住之涅槃佛果。中观宗和唯识宗等内部的类别虽然观点颇多，但在这里只是概述了总要。依靠宗派逐步向上越来越完善的道理而无倒证悟世俗和胜义的自性，从中将精通一切法的处非处。

处非处品终

第六 根

根有二十二，眼耳鼻舌身，

意男女命根，苦根意苦根，

乐意乐舍根，信勤念定慧，

未知当知根，已知具知根。

彼等于自业，功用得舍等，

当知根之分，依于经论说。

依证此根理，执我为境主，

愚痴等断已，精通正法理。

眼根、耳根至意根之间的六根能取各自的对境；命根能安住于同类中；男根和女根作为各自的所依，能使胎生连续不断；乐受根、苦受根、意乐受根、意苦受根、舍受根能受用异熟果；信根、精进根、念根、定根、慧根这五种能主宰世间的善法或清净；未知当知根、已知根、具知根，能主宰见道、修道、无学道相续的信等出世间的清净法。由于起到根本性作用，故称为根。眼等六根如前所述。尤其是，六根所分的意根仅仅是生起意识的所依，此处所说的意根也需要理解成是由其所依中产生的意识。这六根缘取自对境的方式：眼根、耳根不接触对境而从远处缘取，缘取对境比自己大小不固定；鼻根、舌根、身根这三种接触对境而缘取，缘取对境大小与自己等同，从这些对境有境是相互有质碍之所触的侧面来说，存在着分析接触不接触的情况。意根，不仅仅是自对境法界，而且是一切法的有境，它缘取某某对境，称为触，这是名称的触。为此，不存在分析接不接触对境及对境比自己大小的情况，因为识无有形体的缘故，狭小想、广大想等想并不是色的大小，而是识本身周遍的大小范畴。男根、女根：作为身根的类别，如拇指和鼓桑，作为感受男女交媾之乐等的所依。五受用根、信根等及命根如前所说。未知当知根，是见道者相续的信心等五种、乐受、意乐受、舍受根及意根九种；修道者相续的这九种称为已知根；无学道者相续中的这九种叫作具知根。以上根，包括七种有色根、一种心王、十种心所和一种不相应行，九种心和心所中所安立的三种无漏根，共有二十二根。

关于这些根的详细分析，未知当知根等三种是无漏；七有色根、命根、苦受根、心苦受根十种是修断，因此是有漏；剩余的三种受用根、信等五根及意根有漏、无漏的部分兼而有之。命根是异熟生；信等五根、已知根等三根以及心苦受根是非异熟。其中，心苦受根仅是分别便随意趋入，自身不是异熟果，决定是善不善任意一种，因此自己能生异熟果，虽然这是有部承许的，但我认为异熟分显然也需要有无记法。关于这些的详细内容在我的其他论中有解说。上面剩余的十二根里，七有色根是异熟生，也有说所有长养生都不是异熟。意根和其余四受用根有善、不善、无记三种。因此，一切有漏的善、不善均有异熟，所有无记法无有异熟。有漏的信等五根有异熟，所有无漏的意根、受用根及信等五根无有异熟。所谓的异熟，需要认定是轮回的异熟。信等五根及已知根等三种是善。意根、乐受根等有善、不善、无记三种，七有色根加上命根这八种是无记法。

不包括三无垢的其余十九根均在欲界中具有；其中除男女根、苦受根以外其余根在色界中也有；七有色根、非舍受根的其余四受用根除外，剩余的所有根在无色界中具有。三无漏根虽然不属于三界的法，但并非在三界者的相续中不产生。

意根、乐受根、意乐受根、舍受根这四根有见断、修断、非所断三种。意苦受根是见修所断。如前所述，七有色根等十种是修所断；有漏的信等五根是修断；无漏的信等五根非所断。三无垢根不是所断。

获得这些根的方式：在欲界胎生等之初获得异熟根——身和命，化生无性根，诸如初劫的人们，所以获得眼等五根和命根。化生一性根，诸如众欲天，获得前六种加上男根或女根，共七根。化生两性根，在恶趣中可能有，如此就获得八根。在色界中获得彼地的眼等五根和命根。无色界重新获得唯一的命根。再者，如果死于无色界，那么命根、意根、舍受根同时灭。色界中这三根及眼等五根共八根同时灭亡。所有化生都是顿时死亡，因此两性者前八种加上二性根，共十根泯灭。一性者九根泯灭，无性者八根泯灭。对胎生等次第死亡者来说，身根、意根、命根、舍受根顿时泯灭。这一切是从以无覆无记烦恼作为死心而言的，处于生得善心中死亡者来讲，都要加上信等五种，于无色界中八根泯灭等。

下面分析依靠何根获得预流等四果之理：预流果和阿罗汉果，在意和信等五根这六根上，预流果，如果是欲界有贪者，则还加上未至定的舍受根、见道第十五刹那的未知当知根、第十六刹那的已知根，共以九根获得。阿罗汉如果依于前二禅的正行，则获得这二禅的意乐根，如果依于第三禅，则以乐受根，如若依于不是这三禅的任何一者，都以舍受根，这三种任意一种及无间道金刚喻定的已知根、解脱道具知根即以九根获得。亦来者和不来者，在意根和信根等六根的基础上，亦来者如若次第依靠世间道得果，则加上未至定的舍受根，也就是以七根获得；如果依赖出世间道得果，那么他的信等五根获得已知根的名称，因此共以八根获得。假设先以世间道离贪，在见道获得亦来自果，则在八根基础上再加未知当知根，以九根获得。钝根不来者如果是依靠世间道次第获得，那么最初正行的意乐根，在九品解脱时不能现行，所以再加上未至定的舍受根，以七根获得。再者，如若次第钝根者凭借出世间道获得，那么再加上已知根，以八根获得。假设利根者依靠出世间道，如果能现行正行的意乐根，再加它，也就是以八根获得。倘若利根者凭借出世间道获得，则得舍受根和意乐受根，无间道时的已知根，以九根获得。再有，先行离贪者如果获得自果，则以三受用根任意一种、未知当知根及已知根这九根获得。

此等根具足之理：如果具足舍受根、意根及命根任意一者，则必定具足三根。倘若具足乐受根及身根，则在前三者上加自身，共四根。如果具足眼等根，则具足前面的三者、身根及自身，共五根。如若具备意乐受根，则具足前三者、身根及意乐受根，共五根。如果具足苦受根，则具足前面的三根、身根、乐受根，意乐受根及苦受根，共七根。如果具足男、女根其一，在前面七根基础上再加性根，共具八根。如果具足意苦根，则也在前七者上加自身，共八根。如果具足信等五根，则在前三根上加五根，共八根。如果具足具知根，则具足九无漏根、命根及自身，共十一根。如果是欲界身份具足未知当知根，则在前十一根上加身根及苦受根，共具十三根。具多具少之差别：无善根者中具少根，具身根、五受用根、命根、意根，共八根。无色界凡夫也具八根，即舍受根、命根、意根及信等五根。具有多根的两性凡夫具足三无垢根以外的十九根。或者，一性的具贪圣者，具足后两种无垢根以外的十九根。要了知以上道理。

根品终

第七　时

过去今未来，是说为三时。
有时际刹那，成事刹那二。
时际一百二，乃彼时刹那，
彼六十顷刻，三十一须臾，
须臾日及月，递增三十倍，
十二月一年，年分四六季，
六息名漏分，六十一漏刻，
六十刻一日。太阳阴宫日，
春秋及夏季，初冬末夏春，
春秋是六季。成住坏空劫，
中劫及大劫，婴幼韶壮老，
观待外内法，安立此等时。
精通时则知，诸法动无常，
自除执我常，了知诸名义。

所谓的时就是三时，既造了因也受了果，称为过去时，先前已经出现后灭尽；造了因而没有感受果，是现在时；虽然因存在，但由于现今因尚不齐全，也没有感受果，称为未来时。如此三时，是从依靠一切有实法因果之显现而安立的角度命名的。三时所摄的那些时间，通过长短量能知是如此这般。

下面解说其时间以过去、现在、未来的方式刹那串联次第产生的道理：不可分割为前后部分、极其细微的时际叫时际刹那，一百二十个时际刹那是彼时刹那，六十彼时刹那是一顷刻，三十顷刻是一须臾，三十须臾是一昼夜，三十昼夜为一月，十二月为一年。历算典籍中说：一个健康壮年男子一次正常呼吸算为一，叫作一息；六息为一漏分；六十漏分是一漏刻；六十漏刻是一日。根据这两种算法来说，简单易懂，一日有六百四十八万时际刹那，有二万一千六百息，一息的时间有三百时际刹那，每一呼吸的时间，是正常健康男子的五次脉搏跳动，因此一须臾有两漏刻，有一百二十漏分，每一顷刻相当于四漏分的长短。彼时刹那的长短，是脉搏跳动两次的时间。这般计算，则使一一脉搏的跳速与适度弹指的时间相等，它的时间长短是用针穿过六十片重叠的蓼科叶瓣的量，刺穿每一瓣的时间长短就是时际刹那的量。所有叶瓣是依次穿破，不可能是同时穿过，因此是由一一穿破的时间中比量得知的。如果按所说六十四和六十五来计算，则与论典不相符，因此要观察意趣。这种刹那有时际刹那与成事刹那两种。其一时际刹那，如前所说是最短的时间。其二成事刹那，任何事从开始到圆满结束之间的时间，观待事情有长有短，种种不定，短的仅有弹指间的成事，也得成事刹那的名称。长的诸如佛陀从最初发心至最终现前无上菩提之间，也承许是一个成事刹那。

如此一切法的长短，由士夫的意愿而取名时间，为此仅仅是现今自时存在，就是现在；在它之前出现均是过去；后来将至，称为未来，这是从观察刹那而言。从此劫形成到未空之间，作为现在，它的前后出现作为过去和未来，那是就设施对境，以心综合时间的相续，也可以这样来命名。因此，依世间共称，劫成住坏空的四个阶段及中劫、大劫、劫初长时和转长时期，中劫返，上增、下减、最后疾疫、刀兵、饥馑劫，依靠火水风毁坏之劫，再有圆满时、三分时、二分时、具诤时四劫时，就佛法而言，有果期、修行期、教期和唯持形象期四期。另外，还要知道暗劫、明劫等依靠时间有种种分门别类。

依于日月运行而安立三种日，太阳依靠风行往返四洲的长短，确定为六十漏分整，为一太阳日。以本身行的牵引，月亮十五分一一增减的长短，称为太阴日。尽管它暂时有增减、长短，但是就上弦、下弦际的意义来说，比太阳日的量稍短，太阳依靠本身行，往返一一宫的长短三十分之一，就称为宫日，它比太阳日的量稍长。由这三种日而安立一年的所有时间。根据太阳日和太阴日，而有日期的增、缺，按照太阴日出现的每一月，依据宫日的两月长短不均，以至于出现闰月，由于太阳经行十二宫导致在四洲出现四季，月亮的部分增减而有上弦、下弦，借着地球的风行使太阳升起，由此出现太阳日。如果没有善加计算这些，那么最终会造成上下弦、春季等四季颠倒的结局。为此，按照历算细致抉择。也就是说，一年有十二个月，共三百六十天，每天的上午、下午，以用餐二时来计算，称为七百二十食顷，还分为白昼与夜晚。一太阳日，也分为黎明、上午等，所以分成四座、六座、八座、十二座。每月也立有上弦、下弦，一年有春、冬、秋、夏四季及初冬、冬末等六季，还有南行、北行等。所算的年、劫等，一、十、百等呈十倍一直算到无数之间，能衡量一切时间的长短量。如此依靠时间的安立可以说“先前唯此劫此佛出世”“未来时唯此劫中如此出现”，并且能知晓依靠大小乘之道历经多久获得自果，一切众生的寿量是多长等，也能通达一切有实法仅仅是刹那时的生灭串联次第产生。再有，依赖于内有情的蕴而安立出生、童年、少年、成年、年迈、衰老、残年、死期。外界的法，种子和苗芽的时间等、观待所为首先发心、中间积资、最后成佛之类等，大部分所知的安立都需要依赖时间。现今显现的法，命名为现在时，依靠它也能思维过去与未来。具体来说，现阶段有些是老年，有些是少年、有些在降生等各不相同。凡是观待自时，在它之前出现的就安立为过去，在其后产生的就安立为未来，这只不过是由自身的现相而假立为时间的，实际上所谓的时间并无任何实体成立，如同梦中浮现出长短时间各种情况，是由自己的分别念牵制才把有些法立为过去、有些立为现在、有些立为未来，而在实相中任何法先前无灭，现在也无生，未来也无所产生，证悟了三时平等性，就称为真实精通时间，由此可知，正是考虑到这一点才说三时加上不可思议时四时。要知道诸方也与时间相同，唯是假立，由此通达实相平等性。

时品终

第八　四谛

苦集灭道谛，承许为四谛，

四谛十六相，各谛各有四。

苦空无我常，因集生缘相，

灭净妙离相，道如行出相。

成为苦谛基：不净器世界，

下基风水地，须弥七山海，

四洲八小洲，各别基及处。

情世界复合，黑绳众合号，

大号热极热，无间八热狱。

阿秋霍紧牙，具疱及疱裂，

裂如莲大莲，青莲八寒狱。

铁柱山剑林，尸粪泥煻煨，

四方有十六，名热狱近边，

及孤独地狱，名十八地狱。

饿鬼有二种，住界与空游，

内受业感相，分类有多种。

旁生亦有二，定居及散居，

无足二四足，多足等无量。
人分四八洲，胜身赡洲等，
男女黄门类，王族等众分。
非天罗睺王，星颈鬘净心，
非天内种姓，福寿齐天等。
四天王卅三，离争兜率天，
化乐他化天，名为六欲天。
色界十七处，四禅下至上，
初梵辅大梵，二少无量光，
三禅少净天，无量净遍净，
四无云福生，广果上五净，
无想烦善现，善见色究竟，
是四禅八处。空识无边处，
无所有有顶，名四无色处。
安立三界有，生有及死有，
中有前世有。狱鬼畜三恶，
人非天三善，总集为六道，
非天摄天中，余五说五趣。
彼真实决定，颠倒定不定，

三蕴有情趣，内分有种种。
化湿胎卵生，此即是四生。
段食触思食，识食为四食。
食眠按摩定，长养身四因。
生际必死亡，聚际必离散，
积际必灭尽，高堕为四际。
彼等情世界，法门摄略说：
地狱饿鬼畜，长寿天边野，
邪见喑哑者，无佛八无暇。
为人根具全，中土业无倒，
起信自圆满；有佛说法住，
入彼上师摄，乃五他圆满。
离无暇八暇，十圆满法依。
业惑异熟障，说为三种障。
安住于顺境，依止圣贤士，
自我善愿求，前有造福因，
具足法顺缘，名为四大轮。
法义欲解脱，说为四圆满。
长寿康貌美，善缘种姓高，

富财大智慧，是善趣七德。

利乐誉称欲，衰苦毁与讥，

是为非所欲，名世间八法。

寿时烦恼见，众生为五浊。

有情苦无量，略摄即苦苦，

变苦遍行苦，是三根本苦。

生老病与死，爱别怨憎会，

求不得近取，五蕴名八苦。

对于要通晓真谛者，从行持取舍的侧面宣说了**四谛**，即苦谛、集谛、道谛和灭谛。

一、苦谛

苦谛之基，是不清净的器情，业惑所感出现的一切有漏果的部分。所生之器世界，下基风轮、水轮和地轮，四大洲八小洲、铁围山及盐海、须弥山、七山、七海、六欲天、四禅天至居于虚空之间的下基及住所等，就称为器世界，因为是一切有情安住之器的缘故。饿鬼、地狱位于地下地轮之处，海居旁生住于大海等处，大部分散居旁生住于地、水、树等及天界、人间、龙宫等处。孤独地狱和空游饿鬼在地下与人间等不定处。非天在须弥山的空隙直至金刚大地之间。龙类基本上住于游戏海等大海里。这些住于地下的众生，称为地下者。人类住于四大洲和八小洲，六欲天中的三十三天位居须弥山的上方，四大天王天位于须弥山的四层、七重金山的小台和地球风基等处。所有这些称为居地上者。三十三天的上空中，依次向上是离诤天等四天，他们的上面向上层叠，住有从梵众天到色究竟天之间色界十七天。无色界处所各不相同，但所有这些都叫作上地世界。

生者内有情为三界所摄，欲界从无间地狱至他化自在天之间，包括六欲天、十二洲人、十六地狱、旁生及饿鬼共三十六趣，或者非天另行分开，也就成了三十七趣。所有龙类中个别有大福报者属于天人，多数属于旁生。

众生各自内部的分类有无量。

地狱也包括复合、黑绳、众合、号叫、大号叫、烧热、极热、无间八热地狱，以及虎虎婆、霍霍婆、紧牙、具疱、疱裂、裂如莲花、裂如大莲花、裂如青莲花八寒地狱。在热地狱的四方各有四个近边地狱，共十六个，都算作近边地狱，孤独地狱也是如此。

饿鬼、旁生都是类摄。

人类，东胜身洲、南赡部洲、西牛货洲、北俱卢洲四大洲，它们各有两个附属洲，身洲和胜身洲等八个。非天在水界以下须弥山的空隙到金刚大地之间，从上至下，罗睺罗、白鬘、颈鬘、净心天住于四大天王趣。

六欲天：四大天王天、三十三天、离诤天、兜率天、化乐天、他化自在天，弥勒菩萨住在兜率天，魔王波旬住于他化自在天。

四大天王天，须弥山四层的上面，住着四大天王及眷属，它下面的层阶，由上而下依次有常醉、持鬘、持盆天。七金山的小台和日月星辰也属于四大天王天。

色界：在他化自在天的上空。

一禅三处：由下至上依次是梵众天、梵辅天、大梵天。

接着，逐渐向上层叠而住，由下至上算。

二禅三处：少光天、无量光天、光明天。

三禅三处：少净天、无量净天、遍净天。

四禅八处：无云天、福生天、广果天及圣者所居的五净居天，即无想天、无烦天、善现天、善见天，最上面是色究竟天。

无色界四处：空无边处、识无边处、无所有处和非想非非想处，非想非非想处也叫有顶。

有关各趣的寿量、身体、受用的差别，苦乐的感受等如何，当从其他论中得知。

四洲、须弥山、六欲天及梵天世界称为四洲世界，一千个四洲世界名第一小千世界，一千个小千世界称为中千世界，一千个中千世界称为三千大千世界，它包括百俱胝也就是十亿个四洲世界，是一位殊胜化身的所化刹土。

以上宣说是就这个娑婆世界而言的。

另外众生的业感和佛陀的智慧所显现不可思议，在所有虚空界中，有些刹土正当形成，有些安住，有些坏灭，有些清净，有些不清净，同样范围大小、形状、布局千差万别，不可思议，那是佛陀的行境。其中所有不清净的刹土由苦谛所摄，清净刹土的一切器情并非如此，因为不属于有漏的因果之故。

如上所述器情的一切众生生于何处的**生有四种**，即化生、湿生、胎生和卵生，任何一种都是指刚刚受生，这四种上上为妙。化生，出生开始顿时圆满六处，最后同时灭尽，无有尸体。其余三种次第生死，有尸体。人与旁生有四种生，所有地狱、天人及中阴身是化生。多数饿鬼是化生，也有胎生的。它也包括生有、从生到没有死亡之间的前世有、死有和中有四个阶段。

若问：什么是中有呢？

有情死亡后，不管投生于何处，前世已灭直至没有真实转生后世之间，意生诸根齐全的身体，具有无碍穿行山岩等的业力神变，是寻香的种类；身体的形相，是前世的身相和将投生后世的形相。再者，诸经论中说："最初以前世习气牵引现似以前的身体，随后不明显，其后显现后世的身体。"中阴身寿量：长的四十九日，每七日中，如秤杆的高低一样死去又一一出生，声闻乘的经论中提到中阴形成之后必然受生某处，不复逆转。上乘经论中说：如果具足外缘，则会逆转。

中阴身之颜色：如果投生到恶趣，则显现犹如黑色晒垫或黑暗一般；倘若转生到善趣，则显现如同白色的氆氇和月光一般，业感种种，显现不定，处于中阴阶段也有积业的。那么，谁能见到中阴身呢？相同投生到某处的中阴身内部相互可见，另处具有修行所生的天眼、远离昏睡掉举怀疑意苦等十一种过患者能够见到。

转生之后在众生趣中，依靠四食住存。

四食：段食、触食、思食和识食。

段食是香、味、所触的体性，它们凭借鼻、舌、身能长养身体。三聚的心所——触、思心所及心王三种能长养心界。或者说，今生中能长养能依身体的是段食；能长养所依心和心所的是触食；能引生其余后有的是思食；能真正形成后有的是识食。这些食使产生的众生得以生存、安住，能利益寻求转世的中阴身。其中，段食唯一欲界才有，其余三种在诸界均有。无论转生到何处，无不由生际必死、合际必分、兴际必衰、高际必堕四边所摄，因此要对轮回生起厌离心。

断绝善根、再度恢复、界净离贪者、从中退失、死亡、受生者唯以意识而行。死殁、出生，安住于舍受而行。意识一缘安住中及安住于无心位不可能死亡，从中起而死。无心位，诸如无想定、灭尽定与无想天。这些众生如果归类，则地狱饿鬼旁生三恶趣与人、非天、天三善趣合计六道。再者，上面的非天归在天趣中，下面的非天归于旁生里，如此天、人、三恶趣，称为五趣。再有，安立圣者决定真实蕴、断绝善根及造五无间罪决定颠倒蕴、除此之外的不定蕴三种，诸如此类的众多差别，当从其他论中得知。

宣说有情世间的个别法门，堪为妙法器的殊胜所依身份，即具足十八暇满。

八无暇：三恶趣、无想天是非人的四无暇处；边鄙野蛮人、邪见种姓者、佛未出世的刹土、根识愚痴喑哑不能知言解义，是人的四无暇。远离这八无暇即是八种闲暇。

五种自圆满：自身为人、诸根齐全、生于佛法兴盛的中土、业际无倒、具备信心。

五种他圆满：佛陀出世、宣说佛法、佛法住世、趋入佛门、有人说法。

这就是具全十八暇满。

现法中，**生起圣道之三种障碍**：转生三恶趣、非天、北俱卢洲，由所依导致不生正道，即异熟障；造五无间罪及舍法等罪业而不能见谛，为业障；烦恼极其粗重，连续不断，而无法入道，为烦恼障。

相应生起道相的**顺缘四大轮**：

1.安住于相应生起圣道的对境——人天趣中。

2.依止善知识大德。

3.自心对正法有善妙渴求。

4.具备前世造福之因。

所有士夫所求之**四分圆满**：

1.成就增上生、决定胜的法圆满。

2.成办住所、友伴、名声、财产等为义（财）圆满。

3.暂时希求并受用它们的果为欲圆满。

4.究竟获得解脱，为解脱（果）圆满。

善趣七德：长寿、无病、相貌端严、缘分善妙、种姓高贵、财势富足和智慧广大。也就是种姓高贵，性情善良、人格高尚、具足智慧。受人尊重、权势显赫、成办利益等缘分善妙，所有功德都可包含在这里。这些善妙从其他业中也能产生，但主要而言，由救护他众的生命，不损害生命所感长寿；作为患者医护等予以帮助及杜绝殴打别人等感得无病；断除嗔恚，修行安忍，感得相貌端严；断除嫉妒感得缘分善妙；恭敬正士、去除我慢感得种姓高贵；断除偷盗、发放布施感得财势富足；询问取舍、赠予法本感得智慧。

世间八法：利、乐、誉、称四种是所希求和接受的，与之相反的（衰、毁、讥、苦）四种是不希求的。由世间八法导致世人各种所作、引起争论等的世间庸俗法。

争时五浊：生命衰败的寿浊，短寿；受用衰败的时浊，所有粮食效力微弱，不成熟等；使在家人之善业衰败的烦恼浊；出家善业衰败的见浊；身体衰败的众生浊，就好似失去容颜、智慧、健康的糟粕一般。世间善行之法：认知因果存在的正见、明了十善道之处、所有妙法，在此只讲这些，不再广述。

如果有人想：为何说不清净之器情是苦谛之基，是痛苦呢？

因为这些都是与三苦相联而成为它们的所依。为什么呢？轮回中表面显得快乐的一切最终也是变苦；严寒酷热、饥渴疾病等本性就是痛苦，此为苦苦；有漏的蕴是三有的近取因，因此周遍行苦，众生就是被这三苦所束缚。为此，圣者们所见的境界中，一切有漏皆苦是千真万确的。另外还有八苦，即生、老、病、死、爱别离、怨憎会、求不得、总之有漏五蕴就是痛苦，因为取恶趣的缘故。如果再加上前三种，总共就有十一苦，然而这八种包括在前三苦的范围里。另外，从各趣的角度而言，地狱寒热，饿鬼饥渴，旁生愚痴互相啖食，散居旁生受人役使、宰杀，非天争斗、人类生死病老和寻求，天人死堕，诸如此等有无法想象的痛苦。这些有漏法处于刹那无常、苦、空、无我的缘故无有实质可言，并非可信，对此称为苦谛。

集谛业烦恼，初者业差别：

现受顺受业，如是有无漏，

有表无表业，大力微力业；

作积不积业，引业与满业，

善行恶行业，思与思生业。

身语意三业，善不善无记，

福非福不动，苦乐舍受三，

功过浊三业，白黑杂三业。

现法顺次生，顺后受三业，

及受不定四。有漏无漏业，

戒非戒中戒，中戒善不善，

戒分别解脱，禅定无漏戒。

比丘比丘尼，沙弥尼正学，

居士斋戒者，八种别解脱。

禅由禅色定，得无漏圣道。

善等三业中，本性相应随，

等起胜义等，类别阅经论。

施戒修所生，乃福德三事。

贪害心邪见，粗离间绮妄，

杀生盗邪淫，是十不善业。

断彼是十善，救生等殊胜。

异熟及同行，感受等流果，

增上士用果，说生业果理。

杀父母罗汉，恶出佛身血，

及破僧和合，是五无间业。

污母罗汉女，杀菩萨定处，

杀有学圣者，夺取僧团财，

毁坏佛塔五，说谓近无间。

建造善逝塔，于僧供精舍，

调解僧团合，修慈四梵福。

彼等善不善，众别经中知。

烦恼之类别，释说所生因，

未断诸随眠，对境近在前，

及非理作意，三聚生烦恼。

依其漏轮回，此是诸烦恼，

可值遇增长，彼名有漏法。

根本六烦恼，见疑及无明，
缘自类及上，是故名遍行。
彼亦见苦断，五见与怀疑，
见集谛所断，邪见见疑三，
彼相应无明，不共之无明，
十一名遍行。自类所断者，
五分皆随增，坏聚边执外，
九亦缘上地。见灭谛所断，
二邪见二疑，彼相应无明，
不共无明六，亦缘无漏法，
然不得增长，无我所治故。
所有非遍行，自类五所断。
烦恼心心所，相应何者增？
漏体诸烦恼，彼系心心所，
依眼等相应，有漏善亦缚，
随有漏恶习，相值缘随增，
相系六漏门，此名有漏法。
贪嗔及我慢，无明见取见，

疑嫉与悭吝，彼名谓九结。

欲求及害心，萨迦耶见疑，

戒禁取见取，五顺下分结。

坏见戒禁取，怀疑说三结。

色无色二贪，掉举及愚昧，

及与我慢结，名五顺上分。

谄诳骄与恼，恨害是六垢。

欲有贪嗔慢，无明见怀疑，

是为七随眠。昏睡掉悔嫉，

悭无惭无愧，是名为八缚。

欲有见无明，乃是四瀑流。

欲见戒禁取，我语四近取。

贪害戒禁取，实执四身结。

贪欲恚昏睡，掉悔疑五盖。

贪嗔及与痴，名死罪垢等，

欲有无明漏。欲有无明见，

四瀑流加行。欲有见戒禁，

是为四近取。见四谛所断，

一百一十二，九修道所断，

四百一十四。厌患断及基，

远分四对治。欲界上界苦，

集灭道所断，灭尽六遍知，

断顺下分结，灭尽色界漏，

漏尽九遍知。灭有圆不圆，

名言胜义灭，有无严罗汉，

有余无余二。罗汉功德分，

三明二解脱，六通及十智，

九定三等持，八解脱胜处，

无学之十法，十遍处无染，

愿智无漏蕴。

二、集谛

作为因转生轮回的集谛，有漏轮回的这些蕴不是无因中生，也不是由我、时间、自在天等其余非因中产生的，而是由业烦恼的因中产生，从这个角度安立为集谛。集谛是如何产生的呢？一切有情由业因中产生，一切处由共同业感产生，各自的身体、苦乐由不共受业所生。这些业有多少种类呢？有能产生善趣的所依身份与快乐的善业、产生恶趣的所依身份和痛苦的不善业以及不产生这两种的无记业三种。这些业由心思维、身语实行的缘故，也可分为思意业及思意业所生的身语业两种。再者，从所依的角度而言，有身语意三业，这三种，善业也称为妙行和能净，不善业也叫恶行和不净等。

产生轮回之果的一切善不善都是有漏业；产生涅槃果的业——道谛是无漏业，因为它作为能灭尽有漏业的对治。

从生果的角度来说有三种，感受快乐的业，包括第三禅以下，作为感受安乐异熟之因的善业。非乐非苦受业，是第三禅以上上界的受业。苦受业，在欲界中感受痛苦的不善业。还可分为福德业、非福德业与不动业三种，福德业，是指在欲界中感受快乐的善业；非福德业是在欲界中感受痛苦的不善业；不动业是能获得上两界的善业，因为这些只会成熟于彼地而不动摇于别处。

业也可分有表业和无表业两种。有表业指身语有表业，它也有善不善无记三种业。无表业由戒、恶戒、中戒三者任意一种所摄，所作虽然直接不存在，但大种所执因产生的色却连续存在，它决定是善不善任意一种，而无有无记的情况。戒是在有生之年实行善法。恶戒是在有生之年行持不善。中戒，在任意的时间行持善或不善而得，诸如“心想在一个月期间在没有进餐前先顶礼佛陀”之类一个月里获得善戒，再如发誓在一个月期间行邪淫而得不善戒。这些也是由田、意乐和承诺中获得。中间的善不善，没有时间等相续流转的固定性而随便行善造恶，它既不是戒也不是恶戒，是时间的有表业。戒有别解脱戒、禅定戒和无漏戒三种。别解脱戒有八种，比丘、比丘尼、沙弥、沙弥尼、正学女、优婆塞、优婆夷、斋戒。这些是依仪轨承诺而获得。此外，大乘菩萨戒和持明戒都按照各自教义中共称。禅定戒是依靠获得上界禅定的力量，在没有退失那一禅定期间自然遮止不善行。无漏戒是凭借获得圣地的力量得以永久性遮止一切不善行。别解脱戒，比丘戒等在生命尽头，死亡或者在知言解义者前还戒而舍弃，另外断绝善根者，不存在想守护的所依基础，顿时出现两性者，不能堪为戒律的所依身份，因此也舍戒。斋戒，依照起初承诺，过夜以后而舍。恶戒，转生于屠夫等造罪的种姓中，自己也依靠这种行业终生来维生。只是心里想想，而没有戒心，一开始从事彼所为就得到恶戒。另外，尽管不是生在这样的种姓中，但由发誓要打猎等而得，什么时候如果获得了恶戒的对治——戒，则舍恶戒。死亡时也舍，出现两性也会舍掉。为此，这些戒、恶戒，不论行持不行持，都由于连续不断增上而使善不善更为增长，所以必须努力断除恶戒，奉守戒律。中戒由断绝意乐的引力或者不再继续承诺，或中断行持之事或中止经堂、网罟等外境及死亡而舍弃，由断绝善根中舍弃善戒。除了没有男女根的黄门、同时具有两性、北俱卢洲以外的人类有得恶戒、戒两种情况；所有欲天有中戒。人类中有别解脱戒、禅定戒、无漏戒三种；欲界天、色界天，具备由禅定所生的戒体。承许无漏戒在无想天以外存在，无色界圣者自地无有大种，因此不具有明显的戒，但以前大种身体的无漏戒因为没有出现舍因，所以转生无色界也具有。

有部承许：大梵天持有颠倒见解“认为一切由我所造”，圣者不会转生那里，因此不具有无漏戒体。大乘认为菩萨有受生到大梵天的。禅定戒由退失等至而舍弃。由地迁移中将获得自地所摄的禅定戒而舍弃他地所摄的禅定戒。无漏戒虽然永不退失，但在得小乘果暂时退失而舍弃，可那就如同大力士滑倒一样迅速就会恢复。这种退失，仅仅是从小乘道果中暂时退失的现象。钝根转移为利根以及得到上果时舍弃前面所摄的禅定戒，获得后面所摄的禅定戒，仅依此而分。意戒，指心相续及其种子，由它驱使也能得到身语戒。禅定戒、无漏戒跟随心。意和根识从属产生的正知正念，立名为意戒和根戒。再者，能牵动所有业的等起有两种，首先是意乐的因等起，随后是行持那些业，六识聚作为助伴而实施的彼时等起。

何时受业之理：现法受业是某世造作强有力的业在即生中成熟，诸如，对从慈心等持、无染定、灭尽定及得四果中刚刚起定者进行饶益、加害，承侍佛陀僧众等福田，还有个别强烈的意乐行持强有力的业。顺次生受业，诸如无间业，在下一世必定成熟。顺后受业，下一世以后感受的所有业。不定受业，尽管已经积业，但依靠各自的对治而摧毁之后不一定受异熟报应。共说了四种业。

作已积集业，具足六种条件：1.动机猛烈故意而作；2.业行圆满所作已遂；3.随后无悔；4.随喜；5.无对治力能毁所作；6.有力能令果报必熟。作已不集业：上述的六种条件没有齐全，虽然已经造业，但果报不一定一五一十成熟。

业还可分为引业及满业两种，引业是指令投生于某趣的业；满业是指能某世生起所有多少苦受乐受并圆满之业。这些业中，也有以一个引业引出几世的情况，也有以几个引业招引一生的现象，也有以一业招引一生的。也要了知满业也是如此。而且还要知道也有造作引业满业两种业的，也有造其中之一的业。

业也可分为三种，业果皆白令受色界以上的业、业果皆黑令受欲界痛苦的业以及业果相杂轮番令受欲界苦乐的业。虽然业的本体不是白、黑、混杂的，但由作用这样安立。能灭尽黑白之业的无漏业是非黑非白。

任何善恶，都是由田、意乐、勤勉持续造作等而导致力量大小的。善不善的差别以什么来区分呢？本性善是指信心等十一善心所；与之相应的所有法是相应善；它们的习气是相随善；由它们引发的业是等起善；真如及涅槃叫胜义善。获得这些善业的方式：由以前串习的因在今生中自然得以行善，为生得善；加行善是由依止正士、闻思修行正法所得；面行善，于三宝所依面前行诸善法，以行供养；饶益善，以四摄利益有情；引摄善，能产生善趣与清净解脱的福德事；对治善，励力厌患、励力远分、励力断除、励力持续舍离烦恼障和所知障之道。寂灭善：永断烦恼、灭尽定、有余涅槃、无余涅槃及不住涅槃；等流善：由于已证得寂灭涅槃而成就出世间的神通等功德。

不善也是同样，在此欲界，萨迦耶见、边执见及俱生无明是有覆无记，这三者以外的所有根本烦恼和随烦恼能引发恶行，因此都是本性不善；与这些相应的一切是相应不善；它们的习气是相随不善；由这些所引发的一切身语业是等起不善；胜义不善是轮回；由以前的不善业串习而在今生获得，是生得不善；今生中精勤于与善业相反的业，为加行不善；通过损害、恶见的途径造佛像、佛经、佛塔，及作恶劣供施，是面行不善；加害有情为加害不善；三门的恶行之果导致不幸，为引摄不善；所有善法的对治或违品——造罪都是违品不善；能障碍善业的一切法是能障不善。上两界的所有烦恼是有覆无记法，因为：相续周遍等持，为此那些烦恼不能产生不悦意的异熟果报，所以并非不善，是对无漏法有遮障的违品，所以是有覆，因为只要是烦恼就不可能不障碍。上述的善不善的意义归纳起来，诚如怙主龙树菩萨所说："贪嗔痴及彼，所生业不善，无有贪嗔痴，彼生业是善。"

依靠既不是三毒也不是无三毒心的心态随便造作的一切业是无记法。怎么是无记法呢？本性无记，是指界、处、八种有色、与之相应的意、命根、同类、名、句、字；相应无记：由既非嗔恨也非澄清的心引发名、词、字所摄的一切心与心所法；相随无记：依此所说的习气；由此驱使的身语业，是等起无记；胜义无记是虚空与非抉择灭；生得无记：有漏不善和善业的一切异熟；加行无记：既非有染污也非善心产生的威仪和工巧明；面行无记：不是损害或恶见而造世间天神的所依，生生世世不产生福德和非福德平常的业；饶益无记：对仆役、孩童、妻子等没有嗔恨或清净的心而发放布施。受用无记：以既不是思择也不是有染污的心消费一切受用；引摄无记：比如，串习工巧明，后世通过熏习很快圆满；对治无记：诸如依于不加思择的药；寂静无记：行于色界、无色界中的一切烦恼，因为具有寂止的缘故不生果；等流无记：幻化的心与俱生心。归纳而言，欲界中有四种无记：异熟生、威仪、工巧明和化心四种所摄。色界中具有工巧明以外的三种。要了解，所谓的无记，有不记别任何所问，也有不记别任何苦乐受，也不记别所为止行等情况，其中在这里是不记任何善恶。

再有，善不善业的类别：布施、持戒、修所生福德三事，及为了善趣的安乐而行善是随福德分善；为了涅槃而行善是随解脱分善；加行道的善业是抉择见道之因，为此是顺抉择分善。有此三种。解脱分，从缘于大小乘涅槃修行的角度有两种。再者，动摇所生的三门之业，称功业；嗔心所生的三门之业叫过业；贪心所生的三门之业，叫浊业。诸如此类，许多差别，当依经典所说而了知。

必定成熟之业，不会唐捐的缘故，对获得忍位产生极大障碍的转生恶趣之业、对获得不来果位产生极大障碍的投生欲界之业以及对获得阿罗汉果产生极大障碍的转生上界之业，只要获得那些果位，就没有机会感受彼等业，因此在那之前就会成熟。

一般而言，业内部的分类不可限量，但主要笼统归纳来说是十善十不善。是哪些呢？

十不善

1.贪心：由贪欲之根本所生的一种心，想把对方所拥有的东西据为己有。

2.害心（嗔心）：具有嗔恨的根本，想使对方痛苦。

3.邪见：由愚痴所生，与之相应认为业因果不存在。

这三种是意业，也是其余七业的道。

4.杀生：故意断绝对方的生命。

5.不予取：别人的财物未经给予便取受。

6.邪淫：对别人的女人等非所行处行邪淫。

这三种是身业。

7.妄语：明明知道而说不真实的谎话。

8.离间语：对和睦的双方说挑拨离间的语言。

9.粗语：刺伤别人心的恶语。

10.绮语：不属于以上三种，由烦恼引发所说的语言。

这四种是语业。

杀生等那些业是由三毒任意一者所引生，杀生、害心、粗语以嗔恨能圆满。邪淫、贪心、不予取以贪心能圆满。邪见由愚痴能圆满。妄语、离间语、绮语由贪等三种相应能圆满。基、意乐、加行、究竟齐全而圆满业。基：杀生等以嗔恨能究竟的三业之基是众生；以贪心能究竟的三业之基是受用；邪见之基是名色所摄的五蕴；妄语等四业之基是名。这些从所说的对境而言，众生也成为基。对于那些对境，故意采取各业的行动，最终圆满完成。任何善不善，自已造、唆使别人造都是一样。十不善业，一至八之间有同时出现的情况，意三业明显的只有一种，如果具足害心而杀生，那么就有二业俱生……直至害心、贪心任一明显，其余六业委托别人做，邪淫自己造作，一切同时究竟（即八业同时产生）。意三业不会俱生，因此没有九业或十种业一起产生的情况。

善心位，无贪心、无嗔心二者无离而存在，因此没有独一产生的情况。要通晓诸如此类的道理。

十不善，在地狱，绮语、粗语、害心以具足与现前两种方式存在；贪心与邪见仅以具足方式存在，但业果会现前，所以没有现前的邪见；尽管杀害别的众生他也不会死，受用都不悦意，因此不会有偷盗等，其余不善业都不存在。北俱卢洲，意三业以具足的方式存在；以染污心唱歌等绮语直接存在，而无有其余不善业。其他欲界，十不善以具足或现前的方式存在。

十不善业每一种都产生四种果，以异熟果堕入恶趣，等流果有同行等流果和感受等流果——同行等流果，造某种罪业，后世由往昔串习所牵引又想再造；感受等流果，以杀生感得短命，以不与取感得贫穷等。增上果，投生的环境，转生到有害生命的地方等。这些也是相应因业道圆满轻重情况而受果报。

要知道：不杀生等断除十不善的十种是十善，是善趣与清净解脱之因，各自四果以与不善相反的方式产生，就是断除恶行的十善。戒杀等，也就是断除真实直至其细微同品之间完全清净，果报越来越善妙，关于这些道理，应当依照《正法念住经》等经藏来了知。再有，不单单是不杀生，而且救护他命，同样发放布施，自行梵净，杜绝邪淫；说话正直，调解离间，讲说具有实义符合正法的词语，以称心如意的语言令别人欢喜，串习舍心，修行慈心，修习正见，这些是殊胜十善，从建立摄集善法的角度来讲具有殊胜功德利益。

何人造作，在此生中生起圣道的最大障碍，没有以对治摧毁而死，离开此世不被他世所隔必定立即转生到无间地狱的**五无间业**：1.杀父亲；2.杀母亲；3.杀阿罗汉；4.恶心出佛身血；5.破僧和合。所谓的破法轮僧：佛陀正当住世，令四位以上声闻僧众分裂，引入其余本师和其余道中。破羯磨僧：分裂其他僧团。

与以上无间罪相似的**近无间罪**：1.与既是母亲又是阿罗汉女邪淫玷污；2.杀见道菩萨；3.杀有学圣者；4.夺僧伽资具；5.拆毁佛塔。

十不善中，邪见最严重，因为依靠它能断绝善根，由它牵引，相续中不会住留任何善业并会转生无间地狱。诸如，以人的身份依靠听闻断见恶论的外缘，不仅仅是爱恋行持，而且由见行导致认为业因果必定不存在，生起坚固的意乐以致中断善根。又依靠外缘，对业因果存在与否生起怀疑，当以认为有的可能性大来相衔接并认定业因果存在时将再度具足善根。

今世生起**梵天福德之四业**：

1.在未曾有佛塔的地方建造佛塔。

2.供养四方僧众经堂和精舍。

3.调解佛陀的声闻僧众。

4.修慈无量。

按照经中所说业有诸如此类的许多差别。从福田的角度而言，对父母、病人、说法者、最后有菩萨做事的功德不可估量。对于功德田，越来越向上至佛陀之间，所作善事越来越殊胜；对于痛苦田，越来越向下，所作善事功德越来越大，诸如，对贫困者、总的饿鬼、细喉饿鬼作布施，功德越来越大。诸如此类依照经中所说。

所有罪业中，以邪见中断善根、舍法等损害三宝等，最为严重，难以忏净。一切福德之中，最为殊胜、能集不可思议福报的是：发无上菩提心，修行等性（即空性）之义，讲说大乘法等，详细道理当从经中了知。

另外，对于某某善恶，以同等意乐参与的所有人，如同一个作者一样同等获得福罪，诸如，军队等。对任何善恶，如果进行随喜，也与作者相同获得罪福；假设随悔，也能灭尽善恶；倘若善巧方便，也可很快清净弥天大罪；微小的善根也增长无量。应该通达诸如此类的道理。

能成转生轮回的业，如果最初由烦恼的驱使而产生，最终没有以爱等烦恼培植，就不会有生的果产生。因此烦恼犹如龙住的地方就会有水，如长出树木的根，如生芽的种子、开花结果的树，能产生轮回流转。尤其是，时间、地点和一切事物以遍寻方式遍行喜爱贪恋世间的爱为主的一切烦恼说是集谛的法。

烦恼的分类，如上所说有六种或十种。它们能从细微而生、增长，因此也叫随眠。产生烦恼之因：没有断除烦恼的随眠、生起烦恼的对境存在及非理作意这三者聚合将产生。烦恼的作用，使心相续极不寂静。也就是说，依此能漏到轮回中，是诸烦恼。这些烦恼通过缘取与相应任意一种途径相互值遇，得以存在并可增长的一切法，称为有漏。道谛与无为法，是无漏，除此之外的其余一切有为法是有漏。

烦恼以缘取如何能增长呢？

缘于五蕴而视为我与我所，由此牵引将增长所有根本烦恼和随烦恼。对于一切道谛、灭谛、无为法虽然有以见等缘取的情况，但以它们作为根本不会增长，因为道谛与灭谛是有漏的对治，希求它不属于贪欲，如果现前了道，就能断除无明与怀疑等一切烦恼而不会增长。由于不会有害，因此嗔心也不会增长。由于是寂灭的原因，是能断除、清净我慢烦恼，能摧毁见取见等其余见解，是解脱的殊胜方便，因此见取见、戒禁取见不会增长。无为法不能充当苦乐的所依，因此不会增长烦恼。

以缘取增长的道理也是如此，由现见苦谛，断除所断五见及怀疑；由现见集谛，断除所断邪见、见取见、怀疑以及与它们相应的无明、与其余根本烦恼不相应的不共无明，这十一种称为随眠遍行，作为缘取欲界等自地的所有五类所断与产生它们的因。十一种当中，除了萨迦耶见和边执见以外剩余的九种，也缘上界的有漏法，戒禁取见也缘他相续中的戒禁取。仅仅认定有情，并不是萨迦耶见，与之相系的边执见也不存在。对于与所有遍行俱生的生等一切法相也取名遍行。所有非遍行，只是增长自类的对境，并非增长一切。总之，见、疑、无明是遍行，也缘上界，其余并非如此。见灭谛和道谛所断的两种邪见和两种怀疑，与这两者相应的无明及不共无明，这六种能缘无漏法。如此缘取上界及无漏法的那些烦恼也不会由缘取它而增长，因为上界中不执我所、无漏法是对治的缘故。

以相应的方式增长的有哪些呢？烦恼性心与心所相应的一切，在没有断除所有烦恼之前将通过相应的途径增长。

烦恼内部相互与何者相应、与何者不相应呢？贪心，不会与嗔恨、怀疑相应产生，可与这两者以外的其余所有烦恼一起相应产生。嗔恨与贪、骄、见不相应；我慢与嗔恨、怀疑不相应；见也与之相同；怀疑与贪、骄、见不相应，它们与上述这些以外剩下的其余烦恼彼此相应。怒等所有随烦恼相互非相应，无明与一切烦恼相应的是相应无明，不共无明是指生起单单不明真谛的愚昧。无惭与无愧与一切不善相应。昏聩、掉举、不信、放逸、懈怠五种可与一切烦恼相应。

再有，与何种受相应之理：贪心从欲界至二禅之间，与乐受、意乐受、舍受相应。第三禅，与乐受相应，三禅以上与舍受相应。嗔心与苦受、意苦受、舍受相应。我慢在欲界与乐受、意乐受及舍受相应，一禅二禅也与这三受相应，第三禅与乐受及舍受相应，第四禅以上唯与舍受相应。萨迦耶见、边执见、见取见及戒禁取见四见与我慢相应。邪见，在欲界与意乐受、意苦受、舍受相应，色界无色界，与它所具有的某受相应。怀疑在欲界与意苦受和舍受相应，上两界中与其具有的某受相应。无明与一切烦恼相应，因此三界中都与其所具有的受相应。不共无明，在欲界与意苦受、舍受相应，这以上与自地所具有的受相应。

若问：为什么一切烦恼都能与舍受相应呢?

因为在萌生那些烦恼之际，依靠处在平庸舍置状态能隐没的缘故。

悔、嫉、忿、害、恨、恼与意苦受相应。悭与意乐受相应。谄、诳、覆、睡眠可与意乐受及意苦受相应。骄与乐受相应。舍受可与这一切相应。无惭、无愧、昏沉、掉举可以与五受相应。

与什么识同俱呢?

贪、嗔、痴在欲界中可与六识聚相应，贪、痴在色界中与鼻识、舌识以外的四识相应，在无色界唯与意识相应。我慢、见、怀疑，在一切界唯与意识相应。贪、嗔、我慢在欲界缘于事物的一部分而趋入，并不是周遍一切。上界的我慢、贪也与之相同。剩余的一切也可以涉及所有事物。再者，如果从有漏六门来分析，所有根本烦恼与随烦恼都是有漏的本体，与之俱生的一切心心所与有漏相系，其增上缘眼等作为与有漏相应的所依，三界的一切有漏善为有漏束缚，相随有漏的恶习，有漏的同分，并不是有漏的对治而与有漏相合，或者，由于缘于色等生起烦恼的缘故，是有漏的所缘，与这六者相联的法是有漏。

烦恼的类别，**九结**：所谓的爱结是三界的贪欲，它使对三界不厌离以致不行善业，造作不善，导致后世与痛苦相系。同样，嗔结、慢结、无明结，坏聚见边执见邪见称为见结，见取见、戒禁取见称为见取结，再加上疑、嫉、悭结。每一结，都是由行持不善作为因，造成后世缠缚痛苦中，故称为结。这些结障碍解脱道，以贪爱投生轮回，嗔恨障碍心住等舍，其余七结共同遮障现见真如。分别而言，我慢障碍了知坏聚见的过患；无明障碍认知坏聚见的基础；见结障碍了知现前灭谛；取见结障碍了知正道；疑结障碍了知三宝的功德；嫉结障碍认知利养恭敬的过患；悭结障碍彻知资具鲜少，从而不行善法，造作不善，能结系于轮回中，为此称为烦恼障。

五顺下分结：萨迦耶见、戒禁取见、怀疑、贪欲、害心（即嗔心），唯在三界中最下面的欲界者相续中具有，贪欲结和嗔心结导致不能超离欲界，如果没有断除剩余三者，那么即使一次舍离了欲界也会退转，倘若断除了这五结，就成为不来者。再有，断除了萨迦耶见、戒禁取见和怀疑三结，成为预流者，意思是说，虽然也有除此之外的预流所断，但这三者是对行道不欲行、误行、对道生起怀疑而障碍之类的结，因此如果断除了为首的这三者，其余也就予以断除。

断除五顺上分结，成为圣者阿罗汉。

五顺上分结：色界之贪、无色界之贪、掉举、愚昧、慢。

烦恼六垢：谄、诳、骄、恼、恨、害，有这些随烦恼的相续也已有垢。

七随眠：欲贪随眠、嗔随眠，有贪随眠、我慢、无明、见、疑随眠，这些各自同品的所有习气称为随眠。没有断除寻求欲使欲贪、嗔随眠增长；没有断除寻求有，使有贪随眠增长。没有断除寻求颠倒梵行，使我慢、无明、见、疑随眠增长，因为仅以微小的对治而骄傲自满，对真谛愚昧而思择颠倒解脱及其方便，对佛教满腹怀疑。

八缚：昏聩、睡眠、掉举、后悔、嫉妒、悭吝、无惭、无愧。这些在寂止与等舍之时能屡屡缠缚于心，为此得名。

四瀑流：欲瀑流，寻入欲界或欲界的烦恼；有瀑流，上界的它；加上见瀑流及无明瀑流。同样这四种也叫欲加行、有加行、见加行及无明加行。

四近取：欲近取、见近取、戒禁近取、我语近取。欲近取：因尤为耽著欲望之因，与在家人发生争执，并近取有。见近取：由耽著见解而与出家人发生争论等。戒禁近取：由于颠倒的戒律与禁行不同，使外道、内道相互之间发生争论。我语近取：贪爱见解之处萨迦耶见而与说无我者发生争论等。

四结：贪结；嗔结；戒禁取结，实执取（执著贪执此真谛为殊胜）；一一边际，连成身结。这四种，障碍入定之意性身，故称为结。

四散乱之因：仅以少许财物为因而散乱，以非理的辩论之因而散乱，以严重的戒律禁行痛苦而散乱，以非理分别所知之因令心散乱。

五盖：贪欲盖、嗔恚盖、昏睡盖、掉悔盖、疑法盖，这些次第向上，依次在想出家之时令不行善法、善妙劝勉修行之时令不行善法、寂止之时令不行善法、持心之时令不行善法、等舍之时令不行善法。昏沉和睡眠两者、掉举与后悔两者相同的缘故作为一个。再者，贪、嗔、痴束缚自相续，也名为三缚，称谓贪缚、嗔缚、痴缚。以下也如是运用。

由以往串习现今行持，并没有舍弃它，而使心不堪能，难以离开，由此也叫三惑。如是这三者，导致破戒，故为三垢，依靠它们而长期感受生死，故为三罪，由它们流转轮回，并对三宝、四谛怀疑，故为三箭。由这些能使人怀恨、畏惧、屡屡散乱，因此也有贪之轻重等三种。再者，依靠它们使三门倒行逆施，故称三恶行。依靠它们由欲望所毁灭，故称三祸。依靠它们折磨身心，故称三恼。依靠它们在三有林中受生种种，故称三林。由于成为解脱的障碍，故为三障，也叫三乱、三争、三毒、三瘟疫等等。再者说，三漏，未入定之地欲界中，心向外观，散射，漏掉，为欲漏；入定地上两界中，心向内观而漏掉，为有漏；这两种漏的依处为无明漏。这些烦恼中的嗔心在上两界中无有，其余在三界中普具。

若问：三界中具有的烦恼成为见道修道所断的有多少？

见道中，由见苦集灭道四谛所断的有四种，在此基础连同修道所断，分为五类。其中，在这个欲界，见苦谛所断的有五见及五非见共十种。萨迦耶见、边执见、邪见、无明、怀疑五者，对苦谛的自性直接颠倒趋入，原因是，对于成为有漏果的这个近取蕴，本来是无我、无常断的含义，由于愚昧而视为我，看作常断，视为因果不存在，对谛实义产生怀疑的缘故。贪、慢、戒禁取、见取，这四种称为邪入颠倒，原因是，我与法的本体原本不存在而执为我，对此等颠倒贪恋、傲慢，对它的见解与非方便也执为殊胜。嗔恨，由增上颠倒执为我等牵引，对各自违品生起嗔恚的缘故。见集谛所断，对作为因的蕴不视为我，由此驱使不执著我为常断，仅仅因集谛的蕴，不是戒律和禁行，因此也不会出现它的见取。承许除此三者以外剩下的七种是见断。灭谛也与之相同有七种所断。见道谛所断，在七种的基础上视歧途为真实，这也是所断，因此承许戒禁取也该断除，为此说八种。虽然有人说：灭谛、道谛中，嗔有直接颠倒趋入，对灭谛、道谛畏惧而有嗔恨的情况，但我认为似乎是由我见的驱使才畏惧、嗔恨的。如此一来，欲界中见断有三十二种，上界中无有嗔，因此各有二十八种，三界合计共有八十八种见所断。欲界中，修道所断，贪、嗔、慢、无明四种，上两界中除嗔以外各有三种，因此合计修断有十种。如此欲界中五类所断总共为三十六种，色界中有三十一种，无色界也有三十一种，三界的所断综合起来共有九十八种，这是《俱舍论》的观点。按照《大乘阿毗达磨杂集论》的观点，五见与五非见十种无有差别涉及四谛，将它们那些基，视为我，视为常断，对非清净解脱之因的道执为殊胜，因此凭借现见各谛能断除它们这一点无有差别，实际上的确如此。如果就此而言，欲界中见断有四十种，上两界中无有嗔心，因此各有三十六种，三界见所断的烦恼有一百一十二种。修断中，萨迦耶见、边执见也有俱生的部分，因此贪等连同上面的四种修断，欲界中修断有六种，上两界中无嗔，各有五种，总共修断有十六种。这些见断、修断如果从界、地来分，就有多种。再者，修断，如果从界、地、行相详细来分，欲界中，上、中、下修断内部分为三种九类，如此就有五十四种。同样，四禅四无色八地，一一也分九类，除嗔以外各有五种，共三百六十种，与欲界合计起来，三界修断有四百一十四种。再者，三界九地内部各分九种，共八十一种，每五种修断，在一切地都有，总共有五个八十一种，共四百零五种。在此基础上，加上欲界九地的九嗔，结果有四百一十四种，只是计算方法不同，结果与前面是一致的。其中按照《俱舍论》的观点，三界的五类所断，合计九十八种，在此基础上，加上欲界的所断，上述的八缠及嗔、覆，共十缠，所断总共合计一百零八种。这些以必要而分为三漏、四瀑流、四加行、四近取，其中，三界的十五种无明，称为无明漏，是一切烦恼的根本；剩余的欲漏有四十一种；上两界，两个二十六种，有漏合计有五十二种。由这些烦恼而从六处的伤口漏到有顶至无间地狱之间的三有中，为此称为漏。

四瀑流：十五种无明也叫无明瀑流，也叫无明加行。三界的三十六见另行分，称为见瀑流和见加行。剩余的欲瀑流或欲加行有二十九，有瀑流或有加行有二十八，能冲击一切众生到非处的主使，为此在这里所有见另行分开。也就是说，依靠这些能连续冲到有海中的缘故称为瀑流。能将心识陷在轮回的淤泥中，故称为加行。再者分为四近取，不共无明无有助伴，单独不会受生到欲界或上两界，因此不单独安立。见、戒禁取是颠倒的见与颠倒禁行欺惑在家人与出家人的缘故，另行分开，欲近取有三十四，有近取有三十八，三界的见近取有三十，戒禁取有六，这些是受生轮回的因，为此称为近取，观待所化众生的意乐以必要如此来分的。若承许以《上对法》的观点作为基础来安立，如上分析，见修所断一百二十八种，加上欲界十缠，共有一百三十八种。其中，无明漏有十五，欲漏有五十一，有漏成为七十二。无明瀑流加行有十五，见瀑流加行有六十六，欲瀑流加行有二十九，有瀑流加行有二十八。欲近取有三十四，有近取有三十八，见近取有五十四，戒禁取近取有十二。

见所断：所有遍计烦恼，对于真实义另行分别的有染污之见，耽著、怀疑、见之处、颠倒趋入其见的烦恼和随烦恼，由此见引发的身语业及恶趣的蕴界处是见所断。修道所断：获得见道以上相续中的俱生烦恼并不是见所断的一切。非所断，是无漏法。

那么，如何断除呢？

依靠如实彻知生起这些烦恼的基、烦恼自本体及其过患的智慧，使那些烦恼不复产生。所以，一旦获得了对治之道后，就会从根本上摧毁烦恼再度产生的种子习气，使之不复产生，这叫断。将一切法综合起来，作意为无我的行相，由此无常等其余行相也都归结于其中，通过这种作意，如同光明遣除黑暗般能摧毁烦恼的种子。

一般而言，**对治有四种**，厌患对治：将一切有漏视为过患；断对治：所有无间加行和无间道；基或所依对治：解脱道；远分对治：是它上面的道，这是按照《大乘阿毗达磨》的观点来讲的，在《俱舍论》中也有其他讲法。远分有四，以法相不同而远，虽处于一个群体中，但由于法相不一致而不相混杂并远离，诸如四大种；以互为违品而远，诸如戒、破戒一类成为违品；以对境隔离而远，如东海西海；以时间远，如过去、未来。断除所断的果有九种遍知，灭尽欲界苦集之所断的一个遍知，灭尽灭谛道谛之所断的两个遍知，合计有三，如是加上上两界的三个遍知，总共六遍知，是见道无间道的果。断顺下分的遍知，灭尽色界有漏的遍知，漏尽的遍知，这三者是断除修断的果。上述的这些烦恼和业是转生轮回的因相、集相、生相和缘相，它称为集谛。

灭谛：依靠某种作为因之道的力量，于某种真如中，使一切烦恼永不复生，中断轮回的因果相续的果位恒常、微妙的本性，即是士夫最殊胜的所求所得。灭谛，具有灭、净、妙、离的自性涅槃。灭谛分类：有单单寂灭轮回痛苦的小乘涅槃和超胜的大乘不住涅槃两种。灭谛以差别分，也有未圆满的灭谛和圆满的灭谛。未圆满的灭谛，是预流等前三果所摄的有学灭谛；圆满的灭谛，是指阿罗汉果所摄的无学灭谛。再者，依靠世间道减退所断种子而暂时泯灭，称为名言灭；依靠圣者智慧永久性摧毁所断种子，称为胜义灭。阿罗汉也有两种，无严阿罗汉是凭借智慧解脱一切烦恼的阿罗汉；有严阿罗汉是获得八解脱心入定中复得解脱。总而言之，这两种都具足解脱、三明及六通。再者，也有分成有余阿罗汉与无余阿罗汉两种的。灭谛，是甚深的，因为寂灭了仅仅灭尽行相续以外的他非他等戏论，它是无为法，远离恶魔，作为处所、洲岛、依怙等。超越了肉眼、天眼的行境，难以观见，无有动摇，无有死殁，离诸痛苦，安乐善妙等。要知道，当证得现前灭谛的阿罗汉时，功德的特点，也具有宿命通、漏尽通、知生死通三通而对前际、现在、后际遣除愚昧，具足无学三明、脱离染污等至二障的二解脱、遍处、六通、十智、渐住九等至、解脱、胜处、三解脱等持、无染、愿智、无学十法、无漏五蕴等众多功德。

道谛为五道，资粮加行道，

见修无学道。资粮小中大，

加行暖顶忍，及世第一法。

见道见法性，十六智刹那，

苦法忍法智，类忍类智四，

集灭道四种，许为十六智。

修道分九地，欲四禅无色，

修禅色等持。七种作意者，

即明知法相，信解寂静生，

喜摄与伺察，加行际及果。

各禅正行定，得时彼分支，

初禅有五支，寻伺喜乐住。

二净喜乐定。三禅有舍念，

正知乐安住。四二舍念定，

寻伺与呼吸，二乐及二苦，

离八过四定。爱见慢无明，

染定有染者，离彼为清净，

因生果二定，有无漏增否？

将禅未至定，初正行粗胜，

及后三静虑，许静虑六地，

增前三无色，是静虑九地。

加行无间道，解脱胜进四。

通速缓及道，难易互有四。

无贪心害心，念定四法住。

止观得理四，是当知根等，

自在摄余道，道别有种种。

三、道谛

依靠道了知苦谛、断除集谛、现前灭谛的缘故，要修行道。道有资粮道、加行道、见道、修道、究竟道五道。

资粮道：缘于欲求自果三菩提任意一种，而作为其因的其余善法及能获得其果的闻思修智慧，以及具足异生戒律，守护根门、知晓食量、上下夜不眠等，欢喜精勤于修四念住之瑜伽，安住正知。凭借这些因而成为现证及解脱之处的法器。小资粮道，修行四念住，尤为超胜，中资粮道，生起具足四正断的精进，大资粮道获得具四神足自性的等持。

加行道：对资粮道所说的意义，更进一步精勤，获得顺抉择分善根，有暖位等四位。暖位：对各自真谛有明得等持及相应智慧，获得如火般见道智慧的暖相。顶位：对于真谛具有明增等持及相应智慧，以违品可动摇的善根之中达到顶点。这两位中出现清净法中起根本性作用的信等五根。随同真谛之忍位：趋入诸谛的一部分（一向真义），并具足随行的等持及相应智慧，虽是异生凡夫，但对法性之义，以总相的方式善加领悟。胜法位：凭借各自的智慧而对诸谛具足无间等持及相应智慧，是见道前面无间阶段，所以与其接近，它是一切世间法之最，因为紧接着就获得圣地见道。忍位和胜法位，具足五根不被违品所害的五力。获得顶位以后，就永远不会出现以邪见断绝善根的现象，只要获得了忍位就不会堕落恶趣。

见道：胜法位末尾依靠无缘等持及相应智慧现量照见法性真谛，于此生起智、忍的十六刹那智慧。是哪些呢？苦法智忍、苦法智、苦类忍、苦类智，如是集法忍、集法智、集类忍、集类智，加上灭谛的这四种和道谛的这四种，承许生起这十六智慧。前前生起作为因，后后以其作为对境并了知，虽有诸如此类的观点，但对欲界所摄的法现见四谛，称为法忍、法智，上两界的这四种称为类忍、类智。忍，是现量证悟真谛的对治无间道无漏智慧；智是它的解脱道。尽管有些关于这十六种智慧是次第生起、顿时生起及各自安立方式的观点，但承许对于依靠现量证悟诸法无我之义的智慧那一成事刹那，圆满证悟三界的四谛法性，仅是从反体侧面分为十六种才符合本义。尤其，照见诸法空性离戏的大乘观点，如此极为合理。然而，对于四谛的行相，在有戏论者的智慧前，也有以苦、集、灭、道的次第渐次生起定解后现见四谛而成事的。

此见道位，依靠慧眼照见法性真谛，对法生起无尘离垢法眼。所有的忍是无尘；所有的智是离垢。此外，如云："见法，越过怀疑，不依他转，佛法外不被他夺。于诸法获得无畏……"因为依靠各别自证现前法性，对三宝获得解信，获得圣者欢喜之戒等得到殊胜功德。此道，是现见法性真谛的辨法智慧为主的七觉支自性。

修道：获得见道后，修行它上面的瑜伽，它包括共同世间道、不共出世间道两种。

世间道：四禅四无色定的八等至。这些通过七种作意的方式修行各自等至，是哪七种呢？

1.明知法相作意：以一禅为例，欲界未入定等众多痛苦与罪过，因此是粗大；一禅与之相反具有寂静的行相，依靠见解的闻思智慧，精进使心内收、修治，精勤生起一禅等持。

2.胜解所生作意：如前一样，通过加行修所生慧，生起超越闻思的一禅等持修治。

3.寂静所生作意：也依然通过如前修行，生起断除欲界上品修断的对治后断掉欲界现行烦恼。

4.喜摄作意：爱乐以寂静所生的微小欢喜和安乐断除粗大，发现其功德利益之后时常作意大信心，依此断除欲界中品烦恼。

5.伺察作意：心想“如是以对治断除大多数烦恼，现在是否能断除所有烦恼”，之后观察烦恼萌没萌生，而作意与烦恼产生相应之行。

6.加行际作意：如果这般观察，发现烦恼萌生，如前一样通过修寂相、粗相而在相续中生起欲界下品烦恼的对治。

7.加行际果作意：继上面的道之后，作意领受那所有修行的果。

从二禅至有顶之间，依靠观寂相、粗相，七种作意来修行。其中前两种作意，自道是其加行道，寂相、喜摄、加行际三种是无间道，伺察作意是胜进道，加行果作意是解脱道。寂相、喜摄、加行际三种分别在下、中、上品道，依次是上、中、下品烦恼的对治。断除了下地的烦恼后，获得各自地的正行之心。

一禅，具足五支，即寻、伺、喜、乐、一缘境心。寻、伺二者是断除欲界心贪爱、嗔心、损害等，是对治支。通过断除违品而由寂静中所生的意喜及依靠轻安力使身体安适，是功德支。凭借一缘境心的力量成就这两者的等持是安住支或所依支。二禅有四支，清净，是断除寻伺的对治，出离下面的过患而于自地生起极其清净的信心。功德支是喜乐，安住支是等持。三禅有五支：行舍、不忘修行的正念、安住于正念的正知，这三者是断除下面之喜的对治。安乐是功德支，心安住是自性支或所依。四禅有四支，远离下地的八种过患的正念清净、行舍清净是断除三禅之安乐的对治支。舍受是功德支，等持清净是所依支。八种过患是指，一禅具有的寻伺、三禅以下具有呼吸、欲界中具有的苦和意乐、二禅以下有的意乐、三禅的乐。由于远离了这八过的缘故，犹如无风的油灯般不动摇。为此，生果的彼趣，无有被火、水、风所坏的现象。一禅寻伺如火，二禅喜乐似水，三禅呼吸如风，因此在坏劫时，那些处器世界也次第被火、水、风所毁。

当获得一禅的等持时，虽然没有离开贪著色界，但对欲界远离了贪执的缘故，远离了欲界的段食、睡眠及交爱之贪。由此所感，色界中无有段食，是以内在等持长养身体，眼识、耳识、身识以外鼻识、舌识不会出现。所有无色界，一味处于寂止中，因此没有分开安立支，通通远离了对色的贪执，色想已隐没。

分别而言，无有色想而入定于唯是虚空无边的状态中，称为空无边处；虚空之想也已泯灭，唯有识想，即是识无边处；识想也已泯灭，处于无所有之想中，即是无所想处；无所有之想也泯灭，处于非想非非想中，是有顶。修行与因等至的四禅下、中、上次第相应，所谓生果的禅定，能转生到色界诸处。修行一禅下品等持，转生到梵众天，修行中品转生梵辅天，修行上品转生大梵天，诸如此类，直到广果天之间。如此了知。轮番修第四禅与无漏等持，由下、中、上、极上、最上修行而分别转生净居五处。无色界，虽然没有其余处，转生无有不同，但是按照下、中、上等至次第转生有高有低、有好有坏。禅天、无色的等持包括有染与清净两种。有染等持，被爱、见、我慢、无明所染污。那是怎样的呢？享受自地之味的爱占大部分，或者见占大部分，或我慢占大部分，或以无明牵引怀疑占大部分的等至中，会出现行自地的烦恼与随烦恼。清净等持：无有以上那些过失的静虑、无色定的等持是善妙、清净的。一禅所摄的尽所有等持，唯有佛菩萨们才知晓那些等至的名称，而声闻与独觉不知。一禅所摄的如所有等持，剩余的静虑者（即二禅、三禅、四禅者）与无色定者可知。依靠静虑波罗蜜多，具有如此无量等持。由最极分所生的静虑、无色定，如果与证悟四谛不相关联，则是有漏的世间道。依靠四禅、前三无色定这七种而在修道中修行四谛，是无漏出世间道。有顶，由于心的运行不明显的缘故，无漏道不依于它，因此它只是有漏。

一禅正行有粗分正禅与殊胜正禅两种。粗分正禅既有寻也有伺，殊胜正禅无寻有伺，由此分为粗分与殊胜两种。无漏道依靠的主要静虑六地：初静虑将禅未至定、初静虑粗分正禅、初静虑殊胜正禅、第二静虑正禅、第三静虑正禅、第四静虑正禅，因见道依于此六种才如此宣说。所有这些静虑中，第四静虑最为殊胜，既不像无色那样几乎寂止占大部分而不明显，也不像三禅等下地一样有细微动摇的过患，因此堪为极点。再有，在六地上再加前三无色定，就承许为静虑九地。无漏道依于这些。那么是如何依靠的呢？见道依于六地任意一种。修道依于无漏道未至定，能远离欲界及四禅四无色八处即九地的贪欲，其余八种能远离自地与上地的贪执。前五通在第四禅正行中具有，这五种具备自地与下地的行境。所有神通如果依靠第四禅而成就，则最为殊胜。也就是说，依于禅定心而作意各自行相而成就。与无漏道相关的神通，堪为世间之最。灭尽定，是出世间，首先在人中成就后，在人中或色界现行，于无色界不现行，因为以寂灭解脱的异熟，而不精勤于无色处的缘故。也就是说，渐次由一禅至有顶之间入定，三界中最细微的心就是有顶，所以它的末尾灭尽所有想及受，除了圣者以外所有凡夫不能做到。寂灭心心所的流转，为了现法乐住等而入于其中，一旦想起定，依靠这种想如是引发就能入定起定。次第入于渐次安住的九等至，逆行而下，以非入定的欲界心作为界限，九等至，次第舍掉一至八而入于其余等至，称为超越等持，是为修炼等持妙力才修行此。一般而言，所谓道下、中、上是从地及断除地的烦恼方式而安立的。

所谓的加行道，着手断除烦恼，是无间道的前行；无间道在加行道之后无有间隔能断除烦恼；解脱道现前断除烦恼的解脱；胜进道，是对与前面道相比更上一层断除其余烦恼的加行道、无间道和解脱道安立的。或者，虽然不是断除烦恼，但思维或趋入或安住于法的等至，或者修行殊胜功德，或者安住于它的道，就称为胜进道。那么，为什么要修行道呢？为了增上善法、遣除不善而修行。修道位，已经证悟了法性谛的缘故，相续也遍满正见等，因此获得八圣道。

如此这些无漏道，是以三十七菩提分经行的。具体来说，首先四念住，是思择诸法之道，同样，从四正断依次是勤作所生之道、修炼等持之道、修行现证之道，与现证相关之道、现证之道、清净出离之道，要了知对应到八圣道之间。

四种道类别：缓通难道，指钝根者没有获得正行禅定；速通难道，指利根者没有获得正行的禅定；缓通易道，钝根者获得正行的禅定；速通易道，利根者获得正行禅定。这四种，以处和根基而称为不同道。

四法处：无贪心、无嗔心、正念、正定，依靠前两者修殊胜戒学，以正念修殊胜定学，以正定修殊胜慧学，因此这四种称为修行三学之道。再有，寂止、胜观称为能成就一切功德之道，无散寂止，依靠九种住心方便成就具有轻安的寂止心。无倒胜观，为了断除颠倒相和烦恼习气，通过总相的方式辨别二谛的一切法，通过自相而彻底辨别，凭借思择本体、分析差别的智慧如实现见真实义。获得寂止没有获得胜观等有四类。依靠所获得的某种而寻觅另一种，二者皆未得者兼而精进，如果止观均已获得，则圆融双运，成就实义。虽然真正的胜观是依于寂止的殊胜智慧之义，然而上面四类阶段是从智慧的反体来讲的。摄集其余道之道是三根，未知当知根：在加行道及见道前十五刹那起根本性作用。已知根：依于见道第十六刹那而能自在一切学道。具知根：能自在无学道。获得了这些道，而摄集余道得以自在。此外，如果修行第一静虑地所摄的道，则自然修行了欲界的所有善根，因为获得自在驾驭它们的缘故。同样，修行上面的道而自在修行各自下面诸地的一切善根，要知道依此可表示全部。

加行末无间，以金刚喻定，

断障解脱道，究竟无学道，

尽智无生智，无学具十法。

八圣道解脱，解脱智与见。

四、灭谛

究竟无学道，断绝一切所断相续后现前离得，也就是说，依靠自道的金刚喻定无间获得心与道的转依，即是尽智、无生智。尽智，知晓“我已了知苦谛、已断除集谛，已现前灭谛，已修完道续，尽除了一切所断”。也知晓，无有当知痛苦等四谛相，又了知无所了知、无所断除、无所获得、无所修行，一切垢染不复产生。小乘的无学声缘阿罗汉断除了三界的烦恼及种子，由它所引生的业和异熟习气等已经穷尽的离得，而现前灭谛。大乘的无学佛地，永断二障种子及习气，而现前究竟大断的灭谛，获得具二清净的真如本性身。什么是所谓的金刚喻定呢？摧毁成为获得大小乘各自道究竟果之障碍的一切究竟所断，无碍的对治——无间道。它也有加行、正行及后行。加行，是能无间引出金刚喻定的直接因，称为加行道。正行，金刚喻定本身具有彻底摧毁一切所断之障使其不复退转的威力。后行：其后紧接着产生成为直接果的尽智、无生智阶段，称为解脱道。无学者具足无学十法。是哪十法呢？从无学正见直至无学正定之间的八圣道，再加上无学正解脱与无学正智，共十种。这十法由无漏五蕴所摄，正语、正业、正命三者是戒蕴，正念、正定二者是定蕴，正见、正思维、正勤是慧蕴，正解脱、解脱智是见蕴，有此五蕴。要知道，如此道谛，就是道相、如相、行相、出相。

这以上从取舍的角度解说四谛已经完毕。

戒定慧三学，解脱解脱智，

现见之蕴者，名五无漏蕴。

如是略说道，得彼法差别，

破胜烦恼蕴，死主天子魔。

自在与美貌，福名及智慧，

精进缘圆满，名六善妙缘。

随念佛法僧，施戒及天尊，

自生无为成，具足智悲力，

成就自他利，具八德是佛。

道明净对治，灭无思二寂，

离贪灭道证，法亦具八德。

证法为所诠，能诠经教法，

法初中末善，句义双善妙，

不染普圆净，具四净梵行。

大乘圣僧伽，各证如尽所，

解贪著劣障，具明解八德。

信施戒听闻，知惭及有愧，

智慧悉圆满，名圣者七财。

肉眼天法眼，慧智为五眼。

戒定慧总持，菩萨四庄严。

供佛持正法，现身入佛刹，

圆度成熟众，修刹随行境，

行有义大觉，菩萨十大愿。

众生世空法，涅槃佛彼智，

心缘佛行境，世法智相续，

十种无尽处，愿成彼所有。

思除众生苦，如是置富足，

欲以身利他，住狱亦利众，

生富欲利他，自他苦乐换，

圆满有情愿，思他利成佛，

大士之八想。闻思与禅定，

事业为三轮。无常苦无我，

不净死光明，离贪不消化，

不喜灭想十，声闻于平日，

所当依止此。空无相无愿，

是为三等持。断贪及得慧，

与现法乐住，得见智等持，

说为四等持。骂而不还骂，

如是打讥毁，怒而不还怒，

谓沙门四法。发须齿甲汗，

垢大小便唾，涕泪皮肉血，
筋脂骨髓脉，肺心肝脾肾，
胃小肠大肠，直肠膀胱油，
黄水脓及涎，胆脑及脑浆，
三十六不净。浮肿虫啖想，
红青黑肿想，啖散焚坏烂，
丑陋之九想。骨锁想如是，
散收缘净贪，部分周遍证，
压断五离贪。本性以害依，
优昧及对治，遍知断有上，
无上十离贪。父母兄姊妹，
子女远近亲，友相修慈心，
慈心所周遍。彼于我或亲，
三时害六想，利敌三种相，
九害生嗔息。天人非人护，
身心常安适，毒刃不能害，
得利生梵天，获慈法八德。
若修缘起义，除痴得慧光，

分析身心界，择修息我慢。

慢过慢慢慢，我慢增上慢，

卑慢及邪慢，是为七种慢，

为寂此当修。妄念重对治，

六忆念呼吸，计数随行住，

观转普清净。世俗及胜义，

许此为二谛，精通四谛者，

了知染净义。灭除视我者，

染污清净处，何者转轮回，

何者得还灭，如何现及住，

无余见真义。

此处，就现观道与获得道之补特伽罗的个别法门来讲，上述的无漏五蕴，虽然声缘阿罗汉也具有，但如来的无漏五蕴是不可思议的，如此显现佛陀的色身，并不是像普通众生的身色一样，由无漏的无量福德之因中顿时于十方刹土所化前如影像般显现，能遣除天界在内的一切世间过失，摄集广大善法，要知道这就是无漏戒蕴。同样，无有种种受，恒常于法界中如如不动为定蕴；无有种种想而无勤任运洞晓一切如所有法及尽所有法，远离分别，为慧蕴；由于断除二障及习气而无余寂灭内外行之流转，为解脱蕴；八识聚之自性的蕴法中解脱的本性智慧以各别自证现见或照见，就称为解脱智见蕴。如是佛地，不成立平凡庸俗的五蕴、界处，超越三界，五部、五智、无漏五蕴的自性就是佛陀。略而言之，了悟与法界无二的智慧身安住平等性一切种相的本性实相之后，那个身体于所化众生面前，善巧随顺世间的方便，而现示具有与一般人同缘分五蕴之相。相应它而安立名言，这一切实际上也毫不相违，要懂得仅仅是从现相而言的。比如，佛陀无有任何有寂不同之想及分别念，因此说“未说一法”与分别了知所化众生的界性、根基、意乐而相应说法，这也无有矛盾，意义一致，具有实相甚深无分别智慧的威力，而获得少分也不唐捐所化利益的力量，尽管无有分别勤作，然而由了知一切所知，无勤任运行持事业，从一切所化众生现相而言，照见各自不同的界性、根基、意乐而随应说法，不忘失所化利益而显现种种勤作行，但观待显现如此无有欺惑。如果知晓此理，就不会对大乘的密义愚昧不解。

正因为佛陀不具有平凡的蕴与平庸的受等，为此摧毁四魔，能成有漏蕴之因的一切烦恼，叫烦恼魔；由此因所形成的有漏五蕴是蕴魔；贪执成为能灭尽有漏道之障碍的所有欲妙，是天子魔；能灭尽此蕴的是死主魔。因为这些能障碍一切众生从轮回中解脱，所以是魔。佛陀永摧这一切魔的缘故，称为真实克胜四魔者。如是从断除二障及习气、证悟一切所证等的角度具有应供（阿罗汉）正等觉如来善逝、无比本师等异名。

六缘：获得一切所需的自在圆满；相好的妙色；眷属等无量的富有；传遍一切世间的美名；了知如所尽所有的智慧；行众生利的精进圆满。依次是禅定、安忍、布施、持戒、智慧、精进的果，这些也称为善妙六德。

六随念：随念佛、随念法、随念僧、随念施、随念戒、随念天尊。

佛陀，证得了自然本智无为法身任运自成，因此自利圆满，智悲力无可限量，所以具足他利圆满，由三身所分具足无量功德。

法，能离贪的道谛，自本体无有烦恼障，故清净，无有所知障，故光明，因此具有成为摧毁二障之黑暗的对治如日轮般的功德。离贪的灭谛，不是戏论的行境，因此不可思议。无有业惑，故为寂灭。由各别自证中三无分别的自性，总之真如无分别寂灭不可思议。如此灭谛与道谛是证法。这两者作为所诠，能诠的所有经典是教法。教法与证法初中末三善，句义善妙，与其余不共故为不杂；断除一切烦恼，故为圆满；宣说自性清净的法性，故为正确；能远离客尘，故为清净。具足四种梵行的功德。

僧众，是实修正法者，包括凡夫与圣者。所有圣者，通过实修正法而现见法性真谛，其中尤其是大乘圣者，以各别自证了悟自宗大乘的广大甚深不共所证，具足解脱贪著下劣障碍的智慧解脱殊胜功德。

这般忆念三宝的功德，随念本师、道、助伴无与伦比的道理。随念布施和戒律，以及随念欲界色界的天尊及所有圣者的功德，想到他们作为自己所为之见证的道理。也要忆念那些天尊的因也就是十善、四禅、四无色定、三解脱，以因果的方式随念天尊。如是后三种随念是福德三事。

菩萨四庄严：戒庄严、定庄严、慧庄严和陀罗尼庄严。

圣者七财：信财、舍财、戒财、闻财、知惭财、有愧财、智慧财。每一个也称为圆满，所有圣者的这七种功德圆满永不穷尽，由于为他们所富有，为此得名。

五眼：福德所生的眼根，能见到百由旬至大千世界之间的巨细色法，是肉眼；由前世修禅的异熟所感，今生无勤而获得天眼，现见生死，为天眼；现见法性真谛，为智慧眼；具足教法、证法，了知圣者们的根等相续，为法眼；照见一切所知相的智慧,是佛眼。

菩萨十大愿：供养佛陀、受持正法、示现身体、趋入佛土、圆满波罗蜜多、成熟有情、修行佛刹、随行诸菩萨、诸行有义、得大菩提。这十大愿包含无数十万大愿，并且，这十愿终能修成就无尽十处，是哪十处呢？众生界、世间界、虚空界、正法、涅槃、佛出世、佛智、一切众生心所缘、佛智之行境界，以及这九种所摄世间相续、法相续及智慧相续界，要了知这十种界周遍无边无际的时空，涉及同等数的愿力神变记导。

大士八想：1.思维：愿我有朝一日能遣除一切有情的痛苦；2.愿我有朝一日能使所有贫困众生具大财富；3.愿我有朝一日能以血肉之躯利益有情；4.愿我有朝一日长住地狱也能饶益众生；5.愿我不转成不利众生之士、无有不利众生之三门、无有不利众生之财富权势等，愿同享受胜义味，愿生生世世不害有情；6.愿有朝一日一切众生的罪果成熟于我身，我之善果成熟于他们令其安乐；7.愿有朝一日能以世间出世间大财富满足一切众生所求；8.愿有朝一日我成佛后能将一切众生从痛苦中救出。

三轮：讽诵为闻思轮、坐禅为禅定轮、所作为事业轮。最后的事业轮包含所有弘法利生的善妙事业。

一切声闻平时所依之**十想**：无常想、痛苦想、无我想、不净想、死亡想、光明想、离贪想、食不消化想、不喜世间想、灭诸相想。

另外，经中宣说种种想，其中，我未从轮回解脱、未解脱一切烦恼，堕于一切痛苦、畏惧之险地，未超离我所业，未获得圣道功德时，以死亡想、转世想、获得暇满等安乐难得等一切想能厌离在家等，遣除骄矜，趋入正道。如果我随行佛陀，背离在家琐事与欲望对境，追求道果功德，那么思维观察断除了恶事否？趋入了善妙否？获得了何果否？所说的这些种种想，是所有出家僧人所要精进行止之处。了知佛陀的功德而感恩图报，了知大乘道的殊胜而生起恭敬，了知佛菩萨的功德而想获得，了知一切有情是母修悲心之想等能趋入大乘之义，当通晓经中以详略种种差别宣说的这些想。

三等持：解脱门空性等持，具有四谛十六相中空、无我两种相。同样，具足无常、苦与集谛四相这六相，是无愿等持。具足灭谛、道谛八相，是无相等持。

四等持：离贪等持，是修不净观；现法乐住等持，由寂静等持所生的欢喜，使身体柔软，周遍全身；得见本智等持，夜晚也如白天时一样修光明想；得慧等持，是指修第四静虑等持。

沙门四法：当面恶言责骂不还骂，殴打不还打，背地讥毁不还讥毁，怒不还怒，是由安忍所生的四种。

修净化心行之道：如果贪欲较重，则忆念不净观；嗔心较重，则忆念慈心；痴心较重，忆念缘起义；我慢较重，忆念界的分类；分别妄念较重者忆念呼吸，这些是尤为强烈烦恼的对治。

那么，如何修不净观呢？它包括修不净、修丑陋、修骨锁相三种。修不净，了知所贪恋的身体自性不清净并加以串习，身体是三十六种不净物的自性，身体具有的三十六种不净物，即发、须、牙齿、甲、汗、大便、小便、鼻涕、眼泪、唾液、垢秽、皮肤、血液、肉、骨骼、脂肪、骨髓、脉、筋、肺、心、肝、脾、肾、胃、小肠、大肠、直肠、膀胱、油脂、黄水、脓、涎、胆、脑、脑浆，如此有三十六。这里所谓的垢秽是指眼眵、耳屎、牙垢等，其余容易理解。再有，为了对显色、形色、所触及侍奉消除贪执，观扔在尸陀林纹丝不动的死尸，由此想到所有身体都与之相同。

九种丑陋想：浮肿想、虫啖想、红肿想、青肿想、黑肿想、啖食想、离散想、焚烧想、坏烂想。

骨锁想，是上面四种贪执最殊胜的对治。也就是说，胎生的一切身体都不超离骨锁的自性。骨锁修法，首先观修，从自身脚拇趾或额发际等处开始溃烂，心专注于一拇指的骨骼。依次观修整个身体为骨锁。那具骨架周遍到住舍最终到大海之间，这样向外观修。再返回来，收回到仅是自身的骨锁之间。再如前一样外观内收，期间舍弃足骨而收摄于其余一切。再外观，收回于半身及头颅的一半、双眉之间，最后收于仅仅一拇趾骨当中……外观内收修行。不管怎样，缘于骨锁而串习能断除贪恋。

离贪的差别，有对贪境部分离贪，对所有贪境离贪、以智慧的证悟离贪，以寂止压制而离贪，以对治断除的离贪五种。

十种离贪：对痛苦及其处以自性离贪；诸如远离行淫，是以忧恼损害离贪；吃饱不想香美食物之类，是以依存离贪；获得善妙而不求低劣之类，是以优越离贪；所有凡愚不求涅槃是以愚昧离贪；依靠世间出世间道断除烦恼，是以对治离贪；获得见道之后不求三界是以遍知离贪；由地经地而断除一切烦恼，是以断除离贪；世间、声闻缘觉的离贪是有上离贪；佛菩萨的离贪是无上离贪。

修慈心之方法：认识到一切有情渴求快乐而不愿受苦这一点与自己一模一样，并加以思维：这些众生由于愚昧而舍乐取苦，真是可怜！所有众生以往生生世世都曾多次作过我的母亲等。以这种方式思维父母、兄弟姐妹、子女、远近亲属、朋友，以这十种思维，将一切有情观成悦意相，从而生起希望他们具足安乐的慈心。反复修习这样的慈心，一直修到遍及一切有情。依靠四禅任意一种，无有怨恨敌人的慈心，缘于十方一切世间而周遍安住，就是慈等持。即便没有成就等持，但仅仅瞬息修慈心也有无量功德。这般修慈心能消除与之相违的执著相由嗔心九事所生的一切嗔恨。

嗔心九事：此人以前曾害过我；现在正在加害我；未来也将加害我。如是类推到我的亲友三种。此人曾经利济我的仇敌，现在正在利济，未来也将利济。

慈心功德——**慈法八德**：天人慈爱；非人庇护；心常安乐；身常舒适；不为毒害；不为刃击；无勤得利；转生梵天。

痴心的对治观修缘起：正如上面所说，抉择内外的一切法是依缘而生、无常无断的意义后，反复串习，由此将远离一切愚昧。如果我慢较重，则观修界的分类。

七种我慢：缘于功德较自己逊色者，而认为我比他强，与同等者平起平坐，即是慢，或者微慢；认为与同等者相比，我更胜一筹或高出一等，与上等者平齐，为过慢；认为与上等者相比我更胜一筹，为慢上慢；认为有我，视近取五蕴为我我所，为我慢；本来没有获得上面功德而认为已获得，为增上慢；认为与尤为超胜者相比，我稍微逊色，但我还是很不错，为卑慢；将非功德的过患执为功德而傲慢，为邪慢。

为了消除这些慢，要对认为是我的根源自己的这些蕴，分析为地、水、火、风、空、(识）六界，所有大种归根到极微之间，分析心识苦乐、善不善等种种直至时际刹那分之间，并对其义加以串习。具体而言，这个身体是具有三十六种不净物的种种结构，它终究也是极微的自性，如同青稞、大米等混合堆一般，以心分析，如是五蕴分成部分，它也是刹那生灭的自性，分别抉择串习，结果破除整体、唯一、恒常之想愚昧自性的对境，进而消除我慢，如此一来，以其为根本的一切慢都将消除，也会现见无我之义。

如果分别妄念较重，则随念呼气、吸气而串修，将成就住心。如此而修：1.计数：只是无误地计数呼气、吸气十数等，心专注于此；2.随行：心随着气体来去，气息从鼻尖到脚掌之间；3.安住：如宝珠绳一样，延伸存在，心安住于此；4.观察：正当呼气、吸气时，观察、通达这是八尘及依于它的心是五蕴自性；呼气、吸气对应暖位等善法；5.转变：转变所缘，心专注于此；6.普净：这些呼气、吸气对应见道、修道、无学道而作意，称为普皆清净。以如此六相的方式心专于气息，能灭尽分别妄念。

所有这一切与道谛相联，中间插述内容宣说了各种法的差别。

诸佛为了抉择所知之自性而宣说了世俗与胜义二谛。其中，世俗谛：如何显现的法之基——有为法及无为法所摄的蕴、界、处，波罗蜜多及菩提分法等道法及十力等果法。总之，从一切所知之现相无欺的侧面安立尽所有广大之法。胜义谛：基道果的那些法安住于自性无所成立的空性中，即从实相的侧面安立，如所有甚深之法。证悟这二者在真实义中双运平等，是一切所证中最为殊胜究竟之义。再者，《无尽慧经》中宣说了世俗谛、胜义谛与法相谛三种，虽然第一谛分成两个，但究竟各自法相不成立，是双运大平等唯一谛，它是究竟胜义谛法界。

四谛品终

第九　乘

乘数虽无量，略摄说五乘，

人天梵天乘，声缘菩萨乘，

前二增上生，后三定胜乘，

声缘是小乘，菩萨乃大乘。

所谓的乘，是指乘着它能安置于自果，尽管主要说为道，但也宣说了依此所载的道乘、载至于此的果乘两种差别。

乘的分类，人天乘、梵天乘是善趣二乘，声闻乘、独觉乘、菩萨乘是菩提解脱三乘，共有五乘。

其中的人天乘是依靠诚信因果的正见而奉行十善，能转生到人间、天界并得到快乐。梵天乘，是依靠禅定而修行四无量，由此转生到梵天界等，能成就色界、无色界上界之果。这些是仅仅能成就暂时增上生的所依，而并不是永久解脱之处，因此只是世间者及出世间道的所依。

出世间乘宣说了声闻乘、独觉乘及菩萨乘三乘。前两乘是小乘，菩萨乘是大乘。

预流亦来不，罗汉声闻果，

彼分向果等，成二十僧伽。

法类世俗智，他心苦集灭，

道尽无生智，是名为十智。

声闻乘的行人，通过在别人面前听闻轮回的过患与涅槃的功德而对轮回心生厌离，不喜利他，而精进于独自决定获得一人寂灭的果位，因此种姓与信解狭隘。其道称为他们的乘，也就是说，基础是守持戒律，行闻思修的智慧，安住于少欲、知足、不贪圣者种姓，由此身体远离愦闹，心远离妄念而修道。具体而言，如果起初贪心较重，则修不净观；分别妄念较重，则心专注于呼气、吸气。如果以修炼行为的观想作为前提而成就了寂止，那么再修行四念住，身体等的这些有实法，无有人我的本体，一切法以人我而空，作意无常、苦相，逐步向上生起四正断等，经行资粮道与加行道。其后，在见道中现量见到人无我为主的四谛之义，次第断除修道九地的一切烦恼，从而断除结生于三界的一切烦恼，达到永久性消除轮回。总之，五道凭借修行自道的三十七道品，暂时证得预流等三果，最终现前阿罗汉果位。在这些有学、无学道中获得十智，即法智、类智、世俗智、他心智、苦智、集智、道智、灭智、尽智、无生智。其中法智，是了知欲界的苦集；类智了知上界的这两种；了知有漏等不是其余九种的一切是世俗智；他心智是了知他相续；苦智、集智、灭智、道智分别了知苦谛等四谛；尽智、无生智如前所说。依靠这些智也会产生其余殊胜的功德。佛陀所具有的这十智更为超胜。

无师依独自，见缘起还灭，

悟四谛无我，证一半独觉。

独觉乘，由以往修习力而成为最后有者，不观待别人开示轮涅的功过，本身就对轮回心生厌离，前往尸林等处，诸如看到死人的骷髅，想到这是所谓的老死，它的因是生，诸如此类，自己通达顺逆缘起后证悟四谛法性，证悟人无我及法中所取色皆无自性，依靠圆满一个半无我的智慧与禅定而断除结生三界，不喜愦闹，悄无声音，以身说法，展示种种神变，现前缘觉阿罗汉果。

所缘修行大，智勤巧方便，

成就事业大，具七大大乘。

以修所缘成，三无上亦胜。

心断证三大，所为依所缘，

披甲入资大，与三大等性。

无勤利众生，离边遍得智，

续际无间道，具八定生果。

大乘道略说，八十无尽法。

欲意行增意，六度四无量，

五通四摄事，四无碍解依，

二资卅七品，止观总持辩，

四法印一道，巧方便八十。

施戒忍精进，定慧为六度，

方便力愿智，增之许为十。

慈悲喜与舍，是为四无量。

天眼天耳通，他心宿命通，

神境为五通，增漏尽六通。

施爱语利行，同事四摄事。

义法词辩才，是四无碍解。

不依人依法，不依句依义，

依了不依非，不依识依智。

依此不唐捐，教证法证密。

福慧二资粮，双运道圆利。

大乘道：凭借大乘种姓的力量意乐、信解广大的行者，为一切众生而发无上圆满菩提心，欲求在无数劫中行持如海圆满、成熟、清净，所实修的道乘是圆满证悟二无我的甚深、趋入地道波罗蜜多等无量行境的广大，通过修行如此甚深的智慧、广大的善巧方便双运，从而不分别有寂为过功，了知平等性，定生不住之涅槃果。因此，大乘行者会趋入如此最殊胜之道。

大乘与小乘相比，以所缘大等七大超胜，所缘大，缘于能诠菩萨无量法藏、所诠甚深广大所有意义而通达；修行大，能成办自他一切众生的二利；智慧大，由圆满二无我，获得空性大悲双融的离戏各别自证；精进大，在三大阿僧祇劫等行持圆满、成熟、清净；善巧方便大，依靠修学不住有寂之道而不舍众生，并能圆满自己的修行法。这五种，是从依此所行的道乘角度而言的。成就大，能成就十力等佛陀的无量法；佛事业大，乃至轮回存在间，利乐一切众生的事业无有间断。这两种是从行至于此的果乘角度而言的。

大乘以三种无上超胜小乘，修行无上，十波罗蜜多广大、不间断、长久为利一切有情而修行，于无余涅槃也不穷尽而修行。也就是通过善巧方便而无有艰辛，依靠三摩地而富有自在，以无分别智慧摄持而普皆清净，以三慧反复作意，通过止观而无倒修行，离二边而行持，逐步跨越十地而修行。所缘无上，是指缘于大乘教义中如实宣说的地、波罗蜜多等一切广大安立及甚深真如的法界，修行这两者双运道而以地、道越来越超胜的方式作为所缘。成就无上，指种姓的顺缘齐全而得以苏醒大乘种姓，从此开始次第成就五道的一切功德，最终获得佛陀的殊胜菩提，直至成就示现菩提的事业不间断之间，想要详细了解，当从《辨中边论》中得知。

再有，以三种差别而超胜。所为之差别：堪为有情之大部类之最的大心，即是无缘大悲本性、佛陀的无分别本智；永断二障及习气的大断；现量无碍照见如所有、尽所有一切法的大证，为了获得这三大，而修行大乘道，因此从所为的角度超胜。修道之差别：通过无量所缘、无量铠甲、无量趋入、无量资粮的途径修行甚深广大双运道。最终定生果之差别：以大智慧证悟有寂等性，以大悲心永恒行持众生的无边利益，也是无勤任运而行，这三者是大心的特点。超离常边断边，获得三乘的一切断证类别，这是大断的特点。现量洞悉一切所知相，是大证。如是现前三大所为之本性的无学果佛地，依靠道之有境相续末际金刚喻定必能获得，详细内容，当从《现观庄严论》中体悟。在此是以窍诀摄集大乘的要点。

大乘道：甚深广大的本性，犹如虚空大海般难以测度。然而如果略摄它的实修法，则归集于八十无尽法理中。所以，此处宣说其内容。大乘道初始，为了一切众生而萌生想获得佛果的发心，成为产生大乘道一切功德的所依，故称欲求如地之发心；这种发心越来越善妙，越来越增上，想利益悲心的对境——有情，想获得具有三大所为本性的佛果，发愿修行其因大乘道，不舍的意乐无有改变，称为意乐如金之发心；依靠它的力量，无有松懈实修一切波罗蜜多，称为加行，它如上弦月般与日俱增；进一步增上，肩负他利而更加学道，称为增上意乐，自己所作，如同柴上之火自然而行，能毁灭违品，称为如火之发心。以上这四者，是在三种资粮道及加行道即信解行地具有。具足这种方式所行的大乘一切道如若归纳，则归集在六波罗蜜多、四无量、五通、四摄事、四无碍解、四依、二资粮、三十七道品、止观、总持辩才、四法印、唯一行道、善巧方便，归集在这七十六义中，再加上前面的欲乐、意乐、加行、增上意乐四种，如此这八十无尽法，每一个也分为意乐无尽、加行无尽、果无尽、功德无尽，也就是摄集一切大乘道的总纲。

六波罗蜜多：布施、持戒、安忍、精进、禅定、智慧。

布施：不贪著自己所拥有的事物而施舍他众，即是布施，它包括财施、法施、无畏施三类。第一财施，给予资具等为布施；施舍子女等为大布施；舍施自己的身命称为极大施，诸如此类内部有许多分类。

持戒：如理行止取舍之处而不违越，即是持戒，它包括严禁恶行戒、摄集善法戒及饶益有情戒三种等分类。

安忍：无论如何心不烦乱，承受忍耐难行，即是安忍，它包括耐怨害忍、为法苦行等的安受苦忍、不畏深法的谛察法忍三种等分类。

精进：喜乐善妙之处而勤奋趋入，即是精进，它包括心不怯懦的擐甲精进或恭敬加行精进、加行不满精进或恒常加行精进、对利益众生及圆满佛法不厌足精进三种等分类。

禅定：一心专注安住于所缘，即是静虑，它包括三种：世间四禅、四无色定的凡夫行静虑；依于四禅、四无色定的无漏等持，即是义辨别静虑；首楞严等持、金刚喻定、如幻等持等菩萨的无量等持门，称为如来欢喜静虑。

智慧：辨别法，即是智慧，它包括闻慧思慧修慧三种，入定无漏出世间智慧、后得清净世间智慧、饶益有情智慧三种。再者，也有世间慧、出世间慧两种，知胜义甚深慧、知世俗广大慧等分类。

布施等六度，布施者、布施对境、所施三轮有缘，是世间波罗蜜多，以不缘三轮而摄持，则成为出世间波罗蜜多，而且，所有大乘道就归集于这六波罗蜜多中。每一波罗蜜多，断除各自违品悭吝等，以助伴无分别智慧摄持，依靠其方便圆满对境一切有情的意愿，由此能成熟有情，以这四种特点而成为大乘道。有关它们的详细安立当从其他经论中得知。

与发心相应的这些波罗蜜多，从布施到智慧之间依次，受用无尽如宝藏；增上生决定胜的功德，如宝源；内心永不烦乱，如大海；摧毁对方、不为其害，如金刚；如如不动，如须弥山王；遣除烦恼疾病，如药王。

此外，由智慧差别中分出方便、力、愿、智四种，由此成为十波罗蜜多。方便度，如下文讲善巧方便中所说。力度：所有波罗蜜多不能被各自违品所害而强有力。愿度：十大愿等以欲乐愿成就利益。智度：无误证悟如所有尽所有义而辨别能诠佛典的了义不了义等，也能讲说，证悟所诠法界中境与有境无二之义。总之，辨别智慧超越心所摄，转依为不可思议的智慧，依照《无尽慧经》中所说“心识即无常，本智乃常有”等来理解。

四无量：慈无量具足希望众生拥有快乐的行相；悲无量具足希望众生离苦的行相；喜无量具足希望不离安乐的行相；舍无量，对一切有情无有亲疏、无有贪嗔，或者也有说前三者是希望众生暂时安乐，舍无量是希望一切众生远离贪嗔，获得永久解脱之乐的利益意乐。在慈无量等时，有缘众生、缘于法、无缘三种类别。要知道其中大乘的一切道是以无缘作为差别。慈无量等这些，由于缘于对境无量有情，因此功德利益无量，依靠静虑心而修这四无量，能获得梵天世界的乐果，并且大梵天也是恒常安住于四无量中，为此称为四梵住。这四种依次作为嗔心、损害、不喜、贪嗔的对治。依靠这样的慈心无有憎恨、敌对等，依靠四种静虑等持，周遍、扩增至十方一切世间界而修。菩萨的四无量以无缘智慧摄持、成熟有情等而超胜。具足这四无量的发心，犹如亲友或挚友一般能饶益有情。

五通

1.天眼通：是依靠修禅定力所生静虑地所摄的清净眼根而能了知远近距离的一切粗细色法及一切众生死殁、投生何处。

2.天耳通：如前一样依靠上地所摄的耳根了知远近距离的声音及一切语言。

3.他心通：依靠禅定而如实知晓他众的心。

4.宿命通：依靠禅定心了知自他以前生生世世曾生于何处感受苦乐。

5.神境通：依靠禅定心，由多成一、由一转多、放出光芒、燃火出水等显示种种所为。

以上这五通虽然依赖四禅任意一者都有成就的情况，但是菩萨依靠极其清净的第四静虑而由作意各自处成就，以无分别智慧摄持而超胜一切世间人及声闻、独觉。由于通过这些神通获得了利益众生等无碍的威德力，所以与此等相应的发心，称为如摩尼珠。

在此五通上再加漏尽通，就成为六通。

四摄事

1.布施：对一切有情施舍财物等，为令趋入正法而摄受。

2.爱语：对一切有情言说合意的言语，吸引他心并宣说波罗蜜多之法。

3.利行：为了利益一切有情而身体力行那些事，数数不退而实行。

4.同事：自己也随同对方而行持波罗蜜多。凭借这些方法能摄集、成熟众生，与此相应的发心，称为如日，就像太阳能成熟庄稼一样。

四无碍解

1.义无碍解：能分别无误真实了悟佛典的所诠轮涅所摄的一切法“是此是彼”的意义。

2.法无碍解：能如实通达能诠三乘的所有妙法。

这两者是所说之义。

3.词无碍解：法与意义相联，也能以天、龙、人等种种语言无碍传讲。

4.辩无碍解：能随着相应所化众生希求详略、深广等的意愿讲解的辩才无尽无碍。

这两者是能说。

与这四者相应的发心，即宣说正法打动所化的心，如乾达婆歌声。

四依

1.不依句而依义：不应单单着重能诠的词句而要分析所表明的意义。

2.不依识而依智：不应着重于具所取能取的心识行境而要依赖于无所取能取的智慧行境。

3.不依不了义而依了义：不应着重于小乘等在所化前所说的不了义而要趋入、依止了义。

4.不依人而依法：不应依于仅仅说法者补特伽罗的好坏，而要依止他所说的法。

这四依有种种解释的意义，详细内容当从经中了知。

任何菩萨具足这四法，犹如石中滤金一般，依靠大乘通达甚深所证后能自在驾驭大乘法的缘故，具足此者，称为如国王之发心。

二资粮

1.福德资粮：五波罗蜜多或六波罗蜜多所摄的一切福德善事。

2.智慧资粮：修行能摄持福德善事，三轮无缘的智慧。

这两种资粮是大乘道果的一切功德之因，所以与此相应的发心称为如库。

身受心与法，是为四念住，
此四本体慧，能见真实义。
为令善生增，不善寂不生，
是为四正断，能令发精进。
欲勤心与观，是为四神足，
此四本体定，敬勤住观智。
信勤及正念，定慧五根力。
正念及择法，勤喜与轻安，
等持及等舍，是为七觉支。
正见正分别，正语业际命，
正勤正念定，名为八圣道。

三十七道品

四念住：身念住、受念住、心念住、法念住。因为它们的所缘是身体等，烦恼习气之主因是身体，爱之根源是受，缘我之根源是心，执著清净等之根源是对诸法不知愚昧，所以宣说了四种。如理缘于它们能趋入四谛。四念住的本体是与正念相应的智慧。助伴是与它们相应的心心所，以下助伴也当如此理解。如何修行呢？内在的身体是有色内处自相续所摄，外在的身体是有色外处所摄，外内二者的身体是与内处相联的外有色处根的对境，以及他相续的内处，总之属于色蕴的一切就是此处身念住的所缘境。如何以身随观身？一切声闻观苦谛四相之理，菩萨观名言如幻、胜义远离诸边的离戏，于其境界中不散乱而串习。如此也可了知缘受念住、心念住、法念住。修行之果：断除颠倒而见谛实义。

四正断：未生不善法令不生、已生令断除、未生善法令生起、已生善不退失。这四者的所缘违品分别是不善、对治善法、二者已生与未生，本体是精进，助伴如前。如何修行呢？通过生起希求心后以精进等令其越来越增长。果：断除违品，增长对治。

四神足：欲定断行具神足、勤定断行具神足、心定断行具神足、观定断行具神足。这些的所缘是修行等持之所为，本体是等持。欲定断行具神足，是希求心安住于所缘的恭敬加行，依靠它能达到心一缘专注。勤定断行具神足，是其相续加行，依靠它获得心一缘专注。心定断行具神足，是依靠以前串习而真正使心一缘专注。观定断行具神足，指成就等持的智慧分，以往凭借他者宣说成就等持的教言，依靠辨别法而获得一缘心，即使在等持时，也以与之相应的智慧了知断除等持的过失而如理成就功德。依靠这四因而使心一缘专注，即是等持。它们依靠八断行而越来越向上串习。果：依靠等持的威力自在现前所欲求之法的一切意义。

五根：信根、精进根、念根、定根、慧根。它们的所缘是四圣谛。

本体是信等五种。助伴是与它们相应的心与心所。修法：依次以诚信谛实，以欢喜精进、不忘失安住，心一缘专注、辨别的方式修行。果：成就迅速证悟谛实的暖相等。

五力：信力、精进力、念力、定根、慧力。差别：以各自的违品不能害。所缘等如前。

七觉支：正念觉支、择法觉支、精进觉支、喜觉支、轻安觉支、定觉支、舍觉支。这些的所缘是真实圣谛。本体是七觉支，助伴如前所说。这七者中，正念觉支是安住支，以往再三串习的正念而生起现量见到谛实义，依此，以前没有了知，没有胜过的能胜过，故如轮宝。择法觉支是自性支，见到谛实义的智慧本体，摧毁一切相状，犹如大象宝斩断违品。精进觉支是出离支，决定生起或运用自己所证悟的神通，犹如骏马宝一般能达到所欲的目的。喜觉支是利益支，增上现见谛实义之法光的欢喜周遍身心，犹如摩尼宝光周遍一般。轻安觉支等三者是无惑支，轻安是无烦恼的安住，以身心轻安的安乐而堪能，即成为无惑之心的依处，如同玉女宝赐予接触的安乐一般；定觉支是无惑基支，令不生烦恼，心一缘安住，由此出生圆满所思之义，犹如施主宝中出现所欲财物一般；舍觉支是无烦恼的本体，远离贪嗔等的自性，何时欲求就能安住圣者之处，因此犹如将军宝能使军队行住退回一般。如同转轮王般的菩萨，拥有如同七轮宝般的七觉支财富。修行七觉支：一一离苦，于集离贪，安住于灭，修行圣道，实际通过证悟并安住四谛的法性而越来越向上修行。果：能断除见断。

八圣道：正见、正分别、正语、正业、正命、正勤、正念、正定圣道。这些的所缘是四谛的真实性。本体是此八者，正见，是能了知如实确定法性真谛的能知支。正分别是能解支，依靠自己所证悟而为他人宣说的言语，以驱使的正分别能令他理解。正语、正业、正命三者是令他者诚信支，依靠正确的语言为他众说法，能使他们诚信圣道正见，以正业使他们得以断除杀生等一切不善业，别人便会坚信一切业际清净的补特伽罗戒律清净，断除一切邪命，而依靠正命使人诚信正当的维生。剩余三者是净障支，正勤，是净化烦恼障的分支，正念是净化随烦恼障的分支，正定是净化成为获得自在等殊胜功德之障的分支。八圣道，如果归纳，则摄于三学的自性中，正见、正分别二者是慧学，正语、正业、正命三者是戒学、正念、正定、正勤是定学。助伴如前所说。修行如七觉支时所讲。果：确定等作用如前。三十七道品与五道对应的方式，依照四谛品所说。

大小乘三十七道品的修法差别：小乘在修行念住时，主要所缘是缘于自相续的身体等，菩萨则缘于内外二身等，因此超胜。作意方式：小乘唯一分别作意无常、苦、无我等，菩萨们在后得名言中，也能如是了知，以不耽著如幻的方式趋入，于胜义中，远离常无常、苦不苦、我无我、空不空等三十二种增益，以无分别智慧入定于法性，比小乘证悟境界更高超，由此能断除所取能取所摄的一切分别，例如，能取包括实有与假有，所取分为取舍、染污清净，连同它们的差别分类，见修所断的分别，如《般若经》《现观庄严论》中所说，实有执著对圣者菩萨来说，在后得也不存在，只是有单单的假有能取的取舍分别，然而在入定，单单的假有能取与取舍分别也予以遣除，清净地，入定后得无分别智慧完全成熟，因此无有分别。应当通晓，如果获得了无有取舍分别的无分别智慧，那么圆满、成熟、清净之义丝毫不虚，是无勤任运获得的要义。获得：声闻、缘觉承许获得远离身等有漏下劣法的解脱，如是得果。菩萨并不为了离不离身体等二者，与法性等性随同而修行，获得不住有寂的涅槃果，因此超胜。如是以三种差别修行念住超胜，道越来越清净，由此可知大乘超胜，现证道越来越增上的阶段，是通过后面的菩提分法来说明。

这三十七道品，相当于通衢大道，是一切圣者所行之处，与此相应的发心，犹如大路。

断五过八行，依因生寂止。

懈怠忘教言，沉掉不行行，

五过能除彼，信欲勤轻安，

正念知思维，等舍为八行。

住相续数住，近住调寂静，

最寂一境定，住心九方便。

闻思正念知，勤串习六力。

励力有无间，无勤四作意。

身心得轻安，获止断散乱，

本性外内相，粗劣六散动。

止观

寂止：依靠断除五过的八行之因所生。五过是指，以懈怠、忘失修行等持的教言两者遮障等持的加行，向内昏沉、向外散射掉举这两者遮障等持的正行，如果出现沉掉，则不行彼之对治，如果依靠对治而寂灭，还以两种过分行遮障增上殊胜等持。能断除这五者的八行：精进之源是希求，希求之因是信心，安住于希求精进，精进之果轻安，依靠如是信心、希求、精勤、轻安能断除懈怠。不忘失所缘而忆念，能断除忘失教言，以正知了知出现沉掉以后，依靠思维现行这两者的对治，因此凭借这两者断除不行对治的过失，依靠等舍止息沉掉时，断除行对治而趋入本位。

如何修行寂止？住心的九种方便：心专注所缘，为安住；护持其相续，为相续住；如果忘失而散乱，则再度安住所缘，为数数住；如是安住越来越增上，心内收于所缘，愈来愈强大，为近住；其后思维等持的功德以欢喜心处于等持中，为调伏；之后观散乱为过患，寂灭不喜三摩地心，为寂静；能止息散乱之因的随烦恼贪心、昏睡、不悦等、嗔恨，为最极寂静；依靠现行，得以安住，是为专注一境；尔后无需以勤作现行，自然得以安住所缘，为等持。

以六力修成九种住心方便。**六力**：听闻力、思维力、正念力、正知力、精进力、串习力。

凭借听闻教言之力成就安住；以思维力成就相续住；以正念力成就数数住与近住，如果散乱，则收摄，以串习而不散乱；以正知力成就调伏、寂静、最极寂静，由此于正知中，了知欢喜、分别、随烦恼所致散射的过患而不予散射；以精进力成就最极寂静与专注一境，因为断除了出现的细微分别与随烦恼，而不再接受；连续生起沉掉不能障碍的等持之最后住心依靠串习力获得。这些由四种作意位所摄，前两种住心方便时，为励力运转作意；此后五住心，以沉掉间断后不能长久持续护持，是有间缺运转作意；第八住心，如果不舍功用，则沉掉不能中断，能长久护持入座相续，为无间缺运转作意；无勤相续趋入九种住心方便，称为无功用运转作意。获得九种住心，称为欲心一境，由串习其境界，使身心自在堪能，生起具安乐的轻安。轻安也是初始粗大，次第穷尽其力，如同阴影般极薄的轻安随同不动等持正行产生，称为寂止，随后通过粗相寂相作意，成就一禅正行的等持等世间禅定、无色定。依靠寂止、禅定、无色定的等持而成就真实相之出世间道。

寂止的违品——**六种散动**：自性散动，外观五根识，生起与之相应的有分别意识，由此从等持中起定。意识散射于其他外境，为外动；享受等持味以及昏沉、掉举，为内散动；对等持诚信而执著相，为相散动；断除彼等的意识成就一缘安住的等持，又以我执而执著胜过他者，为粗重散动；与作意小乘相混杂，为劣心散动。应当成就断除以上六种散动的大乘不散寂止。

依善断胜止，于如所尽所，

成就辨极辨，思择胜观慧。

胜观：依靠寂止辨别法的智慧，而对如所有尽所有的意义以辨别总相、自相、本体、差别的途径现见无误真义。具足止观的发心如乘，依此能达到所追求的目的。

不忘陀罗尼，忍门名义咒，

名四陀罗尼。陀罗尼异名，

异熟闻定生，异生七净地，

彼为小中大。复说八总持：

妙音及清净，无尽珍宝箧，

回旋无边际，海印莲花严，

无贪等持定，佛加持共八。

无畏之辩才，如所尽所处，

速明利深广，辩才无间断，

念慧悟因生。总持伴辩胜，

持法具觉心，且能得安忍。

陀罗尼与辩才，其中不忘陀罗尼，是相应正念与智慧而不忘受持句义，获得陀罗尼之因，称为得忍门陀罗尼。依靠阿等文字缘于名言中讲说意义、胜义无说的二谛等性而获得无生义忍，从中得到不忘陀罗尼。

陀罗尼的本体：是句陀罗尼与义陀罗尼两者，凡所听闻经藏等佛典的词句，只言片语也永不忘却，所表明的意义，无失而永不忘却。

借助获得陀罗尼之果或作用而得到咒陀罗尼，如果依靠获得陀罗尼而加持咒语，那么他的咒语能起到如其加持的所欲作用。彼等陀罗尼，有福德异熟、听闻串习、等持所生三种，依次称为小陀罗尼、中陀罗尼、大陀罗尼。再者，异生相续的陀罗尼为小陀罗尼；不清净七地的陀罗尼为中陀罗尼；清净地者相续的陀罗尼是大陀罗尼。陀罗尼有更多的异名，诸如《陀罗尼王请问经》中宣说了八种等。何为**八种陀罗尼**？

1.妙音清净陀罗尼：证悟万法无生无诠，以一个阿字便能在累劫中不间断宣说种种法理意义及文字，然而也不舍弃阿字的音声，连续不断说法，安住此陀罗尼，三门、六度等清净的功德不可思议。

2.无尽宝箧陀罗尼：诸如宣说色无常的一个意义，尽劫际也不穷尽。

3.回旋无边陀罗尼：了知常断是边，回旋是缘起而断除边，如是取舍是边、不取不舍是回旋等边，随着边与回旋获得远离一切边也不缘中间的陀罗尼而说法不尽。

4.大海手印陀罗尼：如依大地的尽所有事物以大海之印持容纳其中

一般，获得十方的佛陀所说的一切法也是以阿、绕、巴、匝、那等文字手印印持门陀罗尼的菩萨三门如印一般而不增不减为一切众生宣说佛陀之法。

5.莲花庄严陀罗尼：获得此陀罗尼的菩萨在眷属中安坐于所出现的种种莲花上入定，虽然一语不发，但降下莲花雨，其毛孔所出光芒中现出种种莲花，能在十方刹土中宣说深广之法。

6.无贪等至陀罗尼：菩萨宣说法门，从一至恒河沙数刹土之间讲说，无有贪著而宣说尽一切佛土尘数的法门，以一而说。虽具足意义释词而宣讲，但也对其无有贪著，连续不断讲说。

7.无碍解决定或无疑陀罗尼：宣说四无碍解无尽，如果尽四方的所有众生，分别请问四无碍解，那位菩萨能以他们不同的语言在同一时间使他们都理解一切意义。

8.佛陀加持陀罗尼：某菩萨在眷属中，安坐在大法座上，相好庄严金色的佛陀右手放在他头顶，即刻，那位菩萨便具足佛陀庄严之身语意及正念，他依众眷属的意乐而说法，从一日至百千年尽所欲求时间中说法，也依靠佛陀加持摄受的缘故说法不尽，身心不倦，能相应一切有情的意乐而说法。诸如此类，陀罗尼的许多异名当从经中得知。

无畏辩才：由无余无碍理解句义之处的智慧威力对深广之处无碍的辩才，对于一切所知，只要去了解，不延迟很快便了知，为迅速辩才；

无有混杂错乱之垢，是明了辩才；证悟无穷无尽种种相的意义，是广大辩才；轻易了达细微难测的意义，是锐利辩才；趋入殊胜寂灭离戏的意义，是甚深辩才；讲说多少也无穷尽，是不断辩才。以此为例，经中宣说了种种差别。

此外，不忘之正念、择法之智慧、证妙法义这三者是辩才之因，此三因中，正念主要获得陀罗尼，智慧的作用主要生起两种辩才，由此能受持正法，使三宝种姓不间断，获得无生法忍。

与总持、辩才相应的发心，如泉水，依靠陀罗尼无尽，依靠辩才涌出而说法利益一切众生。

诸行皆无常，有漏悉痛苦，

诸法空无我，涅槃为寂灭，

此乃四法印。

四法印：诸行无常；有漏皆苦；诸法空性无我；涅槃寂灭。

一切妙法主要所诠义都包括在这四法印中，经中说如果讲这四者，就等于宣讲了八万四千法蕴。与四法印相应的发心，如雅声，能满足所化众生心愿。唯一行道：无论从何处趋入，归根到底就是趋入此的津梁，诸如共同解脱道中无我；如果按大乘而言，是趋入等性或究竟寂灭大法身的金刚喻定。如果结合入道者而言，所谓一行，即心想唯独依靠我来成熟一切有情等，无边的圆满、成熟、清净，一切不依赖他而独自行持的意义。与此相应的发心，如同大河之流归入大海般最终趋向大菩提。

趋入平等性，一行道一行，
圆熟炼通速，三宝种不断，
方便智双融，道伴巧方便，
如地金月火，藏宝源大海，
金刚山药友，如意宝日歌，
王库及大路，车乘与泉水，
雅声河流云，二十二发心。
种姓信解法，发心行施等，
无过而趋入，成熟诸有情，
修行佛刹土，不住之涅槃，
大菩提说法。种姓如来藏，
身智无别界，本智无为法，
周遍无变迁。自性净法性，
入于客尘壳，地下宝藏等，
九喻诠表知。嗔法及我见，
畏轮回舍众，是种姓四垢。

能断彼等者，信解法胜慧，
等持慈悲四。性随增种姓，
苏醒信解法，彼从外摄持，
善得方便智，双融般若教，
当具内摄持。发心行施等，
彼即趋入地，有寂平等性，
净土巧方便，圆满成熟净，
后得大菩提，事业不间断。
大乘之五道，四念住断足，
行三资粮道，根力加行道，
具七觉支得，见道极喜地，
离五畏功德，亦得十二百。
具足八圣道，修道九地序，
无垢发光焰，难胜现前远，
不动及善慧，法云十学地。
渐断二障已，勤治一切地。
如所尽所智，上增十地际，
平等现诸法，金刚喻定中，

无学十一地，尽得普光地，

真如一切法，转依得竟德。

善巧方便

依靠成为主要殊胜智慧的力量不费艰辛而轻易成办一切大利难事等稀有的方法，比如，发放一次小布施也以意乐发心，以成办利乐一切有情之因而布施的意乐来摄持，依靠恭敬加行、欢喜加行等能满足对方的心愿；以助伴无分别智慧摄持，诸如通过随喜与回向印持而增长无量，能圆满波罗蜜多。再者，通过顶礼十方的佛陀、忏悔罪业等七支供不费艰辛能圆满广大资粮。极其漫长方可证悟，依靠善巧方便也能轻易证悟，迅速现前神通。了知时非时、方便非方便等，以种种方便调化所化众生，有些降伏，有些摄受，有些以烦恼行为调伏，如是通过说法、嬉戏等各种方便成熟有情，为了使三宝种姓不断，超越四魔及声闻缘、觉地，证悟三解脱门而于一切法不住任何边，虽了知真实际而在非时不现前，对任何照了境，也以了知时非时而趋入，如所愿力而出生，对任何法也不贪著，彻知无量善巧方便对境，驾驭一切烦恼转为菩提支，万法呈现为清净的法性等有不可思议的善巧方便。与此善巧方便相应的发心如大云，能成熟善法的庄稼，如同云虽无分别，却从天王统辖之处直至恶趣之间，分别显现种种庄严相。

以上八十无尽法中的前四种，在信解行地。六波罗蜜多依次，主要在六地具足。第七地，具足五种善巧方便，不舍有情的四无量心、自在驾驭所欲之广大果的五通、能成熟有情的四摄事、能令有情解脱的四无碍解、不唐捐的四依。如何不唐捐呢？前三者不唐捐教法，以依智而对证法不唐捐能够驾驭。这七种是在清净增上意乐阶段。第八地，具足力波罗蜜多，近依二资粮，出离的三十七道品，此二者之所依寂止与胜观。第九地，依靠自在大愿，于一切世间界，相应所化的缘分，凭借四无碍解讲法，讲解之因是总持、辩才，讲解的本体是四法印。在清净三地，无有我执，无有不同相续执著的缘故，趋入唯一行道平等性，由此也可称为一行。十地具足六通，获得智度，善巧于十方世界示现十二相等的方便，如是三清净地对应异熟位。断除一切障碍的佛地，完全究竟一切道，是究竟异熟。要知道，从主要角度而言的这一切道都具足所有实修分。

如是略摄实修菩萨道的方法，诚如怙主弥勒宣说摄集大乘义的“种姓信解法，如是发起心，修行布施等，趋入无过失，成熟诸有情，修行诸刹土，不住趣涅槃，大菩提说法”。其中的前四者主要是信解行地所摄。“趋入无过失”在一地位。随之的后三者在所有修道位。最后两者是佛地所摄果。也就是说，具足大乘的种姓，就能趋入大乘。

什么是“种姓”呢？自性住种姓，是指如来藏，其本体是本来身智无别的法界觉空双运自然本智无为法。自性清净，随行诸法的真如犹如虚空般无有迁变。在其本性中，众生的蕴界根虽然有生有灭，但它无有生灭，由证悟它的自性中出生三宝。无漏界，于一切有情无有差别以心的法性方式存在着，依靠地下宝藏等比喻予以说明。然而，因佛性的四种垢染所遮障而没有觉醒佛性，虽然具足佛性，却没有明显起作用，尽管自性清净，但也由客尘遮障着，因此平凡者不可思议。假设佛性的垢染减轻，那么就能发挥希求舍弃轮回、修成涅槃的佛性作用。佛性的四种垢染，是指嗔恨大乘法、我见、畏惧轮回苦、不观待众生利。能清净四种垢染的因是信解大乘法、殊胜的智慧、等持及慈悲四者。如果具足这四者，则凭苏醒种姓的力量会获得真实行持大乘善法的随增性佛性，尤其是要信解大乘法。依靠信解而皈依大乘的依处三宝，依止外摄持如理宣说大乘的善知识，具足般若波罗蜜多一切殊胜方便，成为获得远离诸边的等性佛果近方便的微妙，凡成为远离果般若的边执有缘及大乘道之违品的对治正道，甚深、广大双运的完整教言，无误得受后如理作意，不离内摄持。

如此而行，意乐圆满发无上菩提心，趋入加行圆满，六度以信解、回向、随喜等善巧方便及无分别智慧波罗蜜多圆融而修行。如此以不缘对境、有境不行的方式实修般若，经行资粮道后，在四加行道中脱离轮回，现行的有相分别隐没，犹如以见到边界的森林及接近大海不见山等的比喻说明一样，借助那些加行圆满的威力，将趋入无有所断之过出世间第一道见道圣地。这般趋入后以四无量、四摄事、五通……直至善巧方便之间不同程度成熟有情，借助圆满二资粮的力量精佛土，圆融趋入深广诸道，以遍具殊胜之空性的力量，证悟不住涅槃有寂等性，从而圆满佛陀之法。总之，应当修学殊胜的圆满、成熟、清净。也就是说，在不清净七地，主要成熟众生，所以这三者是下品的，在三清净地，直接获得三身，出生有寂等性、刹土清净、善巧方便三种殊胜加行。具体而言，外观的五根识转依而显现净土，内观染污意转依而现前不住有寂之等性，依靠它的力量善巧方便不可限量，以种种化身游舞成熟有情，使三宝种姓不间断等也得以超胜。尔后获得无上殊胜菩提果法身，获得法身后，乃至虚空存在间，以色身于十方一切世界，示现大菩提十二相等的事业连续不断趋入有情界。

大乘的行道方式，以五道、十一地的方式经行，具体而言，以三十七道品经行五道，如前所述，超胜之理如前已讲解。在获得见道一地极喜地时，如实照见圆满二无我的法界，具足择法的智慧等七觉支，当时远离五畏，获得十二种百数功德等。随后，以修道次第断除九类修断，获得二地无垢地、三地发光地、四地焰慧地、五地难胜地、六地现前地、七地远行地、八地不动地、九地善慧地、十地法云地，安住于此等地，即具足大乘八圣道。在十地位，以证悟二无我的智慧能次第断除二障。断除烦恼之理如前，因为一切烦恼的根本是人我执，所以现见人无我就能遣除它。所谓的所知障，对无误现见如所有、尽所有义成为阻碍之障。它是由什么因中产生的呢？由没有证悟诸法住于无二法界自性并执著种种二取所生。为此，怙主弥勒说三轮分别是所知障。三轮分别的根本是法我执，总之，由法我执所生的一切障碍都是所知障，由见到法无我空性能断除它。

如果有人想：依此尽管能断除遮障如所有的所知障，但又如何能断除遮障尽所有的所知障呢？

答：尽所有与如所有实际上无有异体，与诸法自性不相符合而执著的愚痴蒙蔽心，如果断除它，那么依靠无倒证悟万法的智慧可在无勤中证悟尽所有的一切意义，比如，如果眼翳清净了，则能明确认知尽所有的色法，解脱了等至之障，依靠禅定心也能知晓一切隐蔽事。如此获得一地的智慧，遣除没有证悟法界遍行的愚痴，从而在其后得时随行无勤通达一切法界所知，以获得殊胜的无痴智慧为例，十地断除十种愚痴，在《辨中边论》中有宣说。以此表明，在一切地，凭借断除所知障的力量对如所有、尽所有的意义无有愚昧，将越来越超胜。因此，断除各地所属的二障，紧接着在某地与某位，相应各自阶段而趋入所修圆满、成熟与清之义，为了成就可入上上地之行境而精进诸地的修治。最终，在二障连同种子习气完全清净的佛地，现量照见一切所知相，因为已获得了无障的究竟智慧。有关这些地的阶段，所断能断、波罗蜜多、获得、十二种百数功德为主的功德如何，如何修行无漏五蕴，转依与获得，那些地的释词等详细内容当从其他经论中了悟。也就是说，根据地不同层次，随入法性等性无分别智慧越来越超胜，不清净所取能取所染污时显现的一切相次第得以转依，所说众多转依的异名，归纳起来，就是共同器世界与身体一切显现获得转依，从而呈现清净刹土与清净身体，那时，它的有境五根识也必然获得转依，凭借转依，显现以所欲求财富庄严的清净刹土，并且得到不可思议的神通力。所依五根转依时，一一根也能趋入一切对境，获得根的十二种百数功德微妙自在。交媾之受转依时，处于无漏的安乐中，获得见到女人也不生烦恼的自在。虚空之想转依时，从虚空中出现所想的一切事，也能无碍行于空中及山岩等处，成就从虚空中显示种种色法。平庸之语、现为经藏等的声音转依时，法音无尽传授获得自在。有分别意转依时，恒常无碍解的智慧与一切事业无有阻碍获得微妙自在。染污意转依时，相应享用无漏五根之自在，无垢的无分别智慧获得微妙自在。所依阿赖耶识转依时，不住之涅槃佛地无垢处获得微妙自在。如此概括而言，在不清净时所显现现有所摄的一切法与法界无别而各自显现转依之际，尽其所有的转依相完全清净，拥有不可思议广大的自在，因此佛地，具足遍法界不可思议的无漏财富。如此诸位声闻的功德财富胜伏一切世间财富，缘觉的功德财富胜过声闻的功德财富，而缘觉的功德财富不及菩萨财富的一分。所有菩萨也比不上如来之财富的一分。因此说，诸佛完全转依的财富不可限量。在十地相续末际，依靠金刚喻定现前无学道，也就是先在有学道中互不混杂无误了知基道果所摄的名言诸法，证悟胜义中无自性，进而对二谛双运遍具殊胜之空性法界包含诸法之理，加以串习达到究竟的此时，顿然明了无杂圆满一切所知法，对无相一味的意义境与有境成为无异平等性，依靠那一刹那智慧摧毁二障种子及习气的解脱道，获得完全清净的究竟果无学道与第十一普光地，现前一切种智的佛果。

果位彼佛地，四身五智摄，

本性与法身，报身化身四。

二净无漏界，现基种姓性，

彼智分法身，廿一无漏德。

清净所化前，色身竟报身，

处身眷法时，具彼五决定。

法界大圆镜，等性妙观察，

成所作五智，佛智身难思。

菩提分无量，解脱及等至，

胜处与遍处，无染愿智通，

四无碍解净，十力十自在，

及与四无畏，十八不共法，

与三无护念，不失净习气，

大悲一切智，无漏廿一法。

有色观为色，无色观为色，

净色之解脱，空无边等四，

灭定八解脱。内色想多少，

形色二胜处，内无色亦二，

青黄白红八。地水火风空，

青黄白红识，能遍于一切，

是为十遍处。四禅四无色，

灭定九等至。知处非处报，

界信解根定，道前世生死，

漏尽为十力。寿心及资具，

业生与信解，宏愿神境智，

法自在共十。身缘心与智，

一切相四净。说证断道障，

是为四无畏。无误无暴音，

无忘念不定，无想无不择，

无舍行摄六。欲正勤念慧，

解脱[1]之智见，解脱无有退，

是证所摄六。身语意三业，

随智转三行，过去今未来，

智入时摄三。如是三六类，

十八不共法。闻不闻法俱，

无贪嗔三念。身语意断过，

无覆三无护。

---

①解脱：另说是“等持”。

果位佛地以四身五智所摄。

四身

1.本性身：是本来自性清净法性之身。它是怎样的呢？诸法的实相现空双运、遍具殊胜之空性的无变法界。具体来说，从现分而言，无偏之身智的自性，从空分而言，与一无所成的法界无合无离，本来任运自成的法性，谁也没有造作的无为法，那也是不住有实无实二边的大无为法。这在基位，称为大乘道所证悟的微妙真如、胜义谛、法界。一切如来出世也好没有出世也好，说法也好没有说法也好，证悟也好没有证悟也好，诸法的法性无有前后的差别，就是安住于真如中，这是万法的法尔，因此一切有情之心的法性也仅此而已。具有它，才能证悟、道用、最终得果，为此称为自性住佛性——如来藏。与法界本体无别，是故也称为自然本智，这是诸法的实相体性之基，三宝之源，成立究竟一乘之所依，唯一法性等性。虽然实相法性自性清净，但众生由自现的障碍所遮蔽而没有现前。善巧方便的如来依靠种种法门次第净化所化众生的心，而开示能了知并现前究竟法界的自性，无畏、恒常的胜乘道，当依此远离一切客尘时，就是具二清净的离果本性身，现前成为无漏的诸法之基净乐常我究竟如金刚之身，智慧身，如虚空般之等性身就是佛陀的究竟身。

2.一切种相智慧身的智分，称为智慧法身。

3.于清净所化前显现色身，具五决定的是受用圆满身。

4.于不清净所化前显现的色身，是化身。也就是说，佛陀唯一是智慧身，因此要知晓佛地一切由五智所摄。

是哪**五智**呢?

1.阿赖耶转依的法界性智：与法界无二的智慧周遍、随行一切所知，犹如虚空，是本性身与法身的究竟设施处。

2.阿赖耶识转依的大圆镜智：恒常于法性中不动摇，无有我与我所，不偏对境，恒时安住，如镜中映出影像般虽然对一切所知明而不昧，但无有境与有境的分别，是后三种智慧与佛智之源，是报身佛的究竟设施处。

3.染污意转依的平等性智：趋入不住有寂的等性，以无缘的大慈大悲随着各自胜解于一切有情前显示佛身。

4.意识转依妙观察智：恒常对一切所知无有质碍，犹如等持总持的宝藏一般，于众眷属坛城中显示一切大法财，遣除怀疑，降大法雨。

5.五根识转依成所作智：于一切世界，以种种无量身语意等的幻化成办一切有情之利。

法身是具有二十一类无漏法的本性，何为二十一类无漏法？

第一类，与菩提分相应的三十七法，关于这些内容前文中已经解说，于此需要理解的是菩提分究竟果完全转依的佛陀微妙智，而不是平凡的心与心所有实法。其余一切也当如此了知。

第二类，四无量的内容前面也已宣说，于此是究竟智慧所摄不可思议的四无量。

第三类，八解脱：有色观色解脱、无色观色解脱，是指于内在作者自己作有色、无色想后，观外界的一切色不净。净色解脱，是指以色不净而厌恶，从中解脱，信解清净并如此幻化。通过了知如是一切净不净是相互观待仅是心假立，便能从贪执色中解脱的道。空无边解脱等四者，指四无色定，即能解脱色界自地与下地的贪执。灭尽定解脱，有顶的心也超越，灭尽受、想的等持，依之能解脱三界之贪。以上八者中的前七种，世间者也能成就，而灭尽定是声闻阿罗汉所成就的。这一切依靠禅定而修行，就是为了解脱贪执而修。它们究竟果位之不可思议智慧本体，在佛地才有，下文中胜处等一切也如此了知。

第四类，次第安住九等至：四禅定、四无色定及灭尽定，为了解脱这些等至的障碍而修，在佛地得以究竟。

第五类，八胜处：以内有色想观外色少胜处、以内有色想观外色多胜处、以内无色想观外色少胜处、以内无色想观外色多胜处，为形色四胜处，以内有色想观色少即观有情色，观色多即是器世界色。四显色胜处：即青黄赤白四胜处。这些依靠等持而修成，结果无论如何缘于形色与显色，都能如是显现而胜伏其他，自心不动。四种形色也有不净，四种显色为净。

第六类，十遍处：地、水、火、风、虚空五遍处，青黄白赤识五遍处，共十遍处。它也是依靠等持而成就遍处，结果缘于一切显现也如是呈现，所谓的遍处是所有的意思，周遍一切而显现。为此，要知道缘于地，则一切都显现为地等。这些解脱、遍处、胜处是为了修炼等持妙力才观修的，这一切都依靠禅定，是等持与智慧的本体，连同与之相应的一切，其余也当如此了解。

这些称为幻化纯熟道，以此等为例，对佛地安立了与世间者、声闻有学无学、菩萨共同之法，只是以行相类似才如此安立的，但在佛地是不共的体性。

第七类，无染：此处是指防护使对方心相续缘于自己不生烦恼，也就是说，声闻阿罗汉去村落等时，首先以神通观察去该处缘于我他相续会不会生烦恼？如果发现会生烦恼，就不去那里，以此来保护对方，不加观察而趋入，也会出现不能防护对方起烦恼的现象。佛陀到生烦恼的某众生前，依靠善巧方便能中断他们的烦恼，因此无染超胜。

第八类，愿智：声闻对隐蔽所量及他者提问的任何意义，发愿了知此义而入定于禅定中就能了知其义。比如，目犍连讲说释迦佛传等。声闻尽管不同程度地知晓意义，但也有不知道地点、时间、行相极其久远之义的情况。佛陀的愿智是无有勤作、任运自成、无有质碍照见一切所知，没有入定才洞悉、不入定则不知的情况，而恒常处于入定中，能答复一切有情所求一切问题，因此超胜声闻。

第九类，六通：五通加上漏尽通，如前所述。

第十类，四无碍解：前文中已经解说。

第十一类，四清净：身净、缘净、心净、智净，身体随意转变，拥有自在，为第一；随意转变对境，拥有自在，为第二；拥有一切等持，为第三；于一切所知无有质碍，为第四。

第十二类，十自在：1.寿自在，如果想舍离身命或者想要住世，也能住无量劫际，如其所愿，寿命得以自在，这主要是布施的果。2.心自在，能随心所欲入定获得自在，它是禅定的果。3.资具自在，天、人、菩萨的财富，如其所愿而出现，它是布施究竟的果。4.业自在，如其所愿而自在成办所作之事。5.受生自在，于某某处如其所愿自在示现种种受生。业自在与受生自在主要是持戒的果。6.信解自在，依于所化众生的信解而行利益获得自在，这是在有学道中相应所化意乐而行安忍的果。7.愿自在，如何发愿，如是真实成就，它是精进的果。8.神变自在，如其所愿而显示任何神变，获得无有阻碍的自在，它是禅定的果。9.智自在，自在拥有对三时所摄的一切所知无有质碍的大智慧。10.法自在，根据所化意愿无碍讲解十二契经所摄的一切教法，获得自在，智自在与法自在是智慧的果。

第十三类，十力：1.由善生乐是处；由善生苦是非处，以此为例，对十方三时所摄的所知范围内尽所有处与非处的一切所知，无有质碍刹那了知，即是知处非处智力；2.如实了知善不善、有漏无漏所摄的一切业及其异熟如何，即是知业报智力；3.了知所化的种姓界与十八界等尽所有种种界，即是知种种界智力；4.了知一切众生的种种信解，即是知种种解智力；5.了知一切众生的种种利根钝根，即是知根胜劣智力；6.了知趋向有漏无漏所摄善趣、恶趣、解脱与遍知的种种道，即是知遍趣行智力；7.了知尽其所有有漏无漏所摄的种种禅定安立，即是知静虑解脱等持等至智力；8.了知尽其所有自他种种前世，即是知宿住随念智力；9.依靠天眼了知一切众生尽其所有死殁与未来受生，即是知死生智力；10.了知一切有漏穷尽之道果，即是知漏尽智力。这十力犹如金刚般不坏，因为以知处非处智力等六种能穿破如铠甲般的所知障；依靠知静虑解脱等持等至智力、知宿住随念智力、知死生智力能摧毁如墙般的等至障；依靠知漏尽智力能斩断如树般的习气障。

再者，依靠知处非处智力了知因与非因，从而能摧毁众生愚昧趋向善趣恶趣之因而诱惑之魔；依靠知业报智力摧毁欺惑依处之魔，进而了知众生由业力所感受苦乐，而自在天等不能作为依处；依靠知染污清净静虑智力能摧毁将有漏视为清净欺惑之魔，进而了知仅仅获得禅定、无色定并不能从轮回中解脱；依靠剩余的七种智力能摧毁欺惑以大乘出离之魔，依靠知界智力由种姓类别中了知法器的差别，依靠知解智力由信心的类别中了知法器的差别，依靠知根由智慧的类别中了知法器的差别，进而依靠知宿住随念智力、知死生智力而了知道的所依及遍行之道，结果能了知道的本体，依靠知漏尽智力了知定生之果后如是为所化宣说。

第十四类，四无畏：1.亲口承认自利证悟圆满无畏（即正等觉无畏），即亲口承认“我已现量通晓一切所知相”；2.自利断圆满亲口承认无畏（即漏永尽无畏），即亲口承认“我已无余断尽二障连同习气的所断”。这两者是如其自利而真实宣说。3.为他利说出离道无畏：宣说“证悟无我等这些道决定出生解脱处”；4.为他利说道障无畏：宣说“贪等一切烦恼是道障”。这两者是为他利而真实宣说。如是这四种，或天或魔、梵天、婆罗门等世界中超胜者，谁也无以与法相符反驳说“并非如此”，因此于眷属中犹如狮子般无所畏惧发出狮吼声。

第十五类，十八不共法：身无误失、语无卒暴音、意无忘失念、无不定心、无种种想、无不择舍，以上是行为所摄的六种。续三宝传承利益众生的志欲无退，欢喜他利的正勤无退，如实照见诸法不忘失的念无退，辨择法的慧无退，由二障中解脱的解脱无退，于一切法自在的智慧解脱诸障，拥有各别自证，解脱智见无退，是证悟所摄的六种。一切身业智为前导随智而转，一切语业智为前导随智而转，一切意业智为前导随智而转，这三种是事业所摄。身语意的事业何时何地都有意义。于过去世无著无碍智、于未来世无著无碍智、于现在世无著无碍智，这是时间所摄的三种，尽知一切时间。

以上十八法，唯有佛陀才有，而其余十地诸位菩萨都不具备，为此称为唯佛不共法，如同与四大不共的虚空自界一样。此外，唯佛具有的特法，身无量，超胜一切，无见顶相，如滋补药般见到立即能消除众生的过失，妙衣离身一指等不共的其余功德也有许多。

《现观庄严论》中按照经的次第将此不共法安立为第二十类。

第十六类，无护：有身无护等三种，身语意无有所要隐瞒的细微过失，因此在他众面前没有任何警戒或防护的。

第十七类，三念住：于恭敬听受所说法者，无有贪著之心念住；于不敬听受所说法者，不以为怒之心念住；于听及不听二者，不以贪嗔之心念住。

第十八类，念无失：行利生事，从不越时，有如海潮，总之永不延期，无有忘失。

第十九类，永断习气：不仅三门的粗重烦恼所知障细微种子，甚至连同其习气也永久断除，毕竟无有。诸声闻虽然无有烦恼的种子，但还有发笑、大笑、狂笑等许多习气。

第二十类，大悲：以成办利乐之大悲，昼夜六时为主恒时关照、救护无边一切众生。

第二十一类，一切种智：唯佛的智慧相，即顿然现量了知一切所知相，从与真如无二、是自然本智体性的反体而言，也称为佛相、真如相、自然相。

以上这二十一类法摄集佛陀的一切智慧功德，另有异名，了知前际、现在际、后际的三明；不可思议身语意三密；身神境神变、语记说神变、大悲教诫神变等许多异名当从其他经论中得知。

受用圆满身（报身）：佛陀的究竟色身在清净所化一地至十地间的诸菩萨前显现，它是能圆满受用大乘法之身。报身具足五决定，处决定：唯一安住大密严刹土；身决定：相好鲜明圆满的自性；法决定：完全宣说大乘；眷属决定：全部是十地菩萨；时间决定：至轮回存在间安住。

手足轮掌平，跟广踝不露，

臂长肩头圆，腨如鹿王相，

缦网指纤长，毛右旋上靡，

肤金色细薄，上身如狮子，

手足皆细软，七处隆满相，

颔轮丰舌长，最上味齿白，
平密四十整。绀目牛王睫，
身广直藏密，白毫无见顶，
梵音卅二相，见喜表大士。
甲铜色润高，指圆丰渐细，
脉不现无结，踝不现足平。
步匀如狮象，牛王及鹅王，
正右旋端庄。头圆额际明，
额宽复平正，发黑密而软，
不乱润齐香。目如青莲瓣，
黑白了分明，无翳视清净。
睫密眉修长，毛软润泽齐。
双耳平不衰，鼻梁隆清净，
面适唇如苹，舌软薄如莲。
齿圆尖利白，平齐正渐细，
语如雷和美。手长软如棉，
手纹明深长，身端严适度，
细分圆槐美，柔嫩无萎缩，

坚实肢舒展。无痣黑点瘢，
洁净如初拭。腰圆舒平适，
脐深理右旋，威仪净观喜，
吉祥纹动心，能仁八十好，
天等世间赞。流泽柔悦意，
可乐净离垢，明亮甘美声，
乐闻无破坏，可意调顺声，
不涩无粗恶，柔善悦耳声，
适身心勇锐，心喜悦乐声，
无热恼善知，明解显示声，
令喜喜爱声，令他善了知，
令他明解声，如理相应声，
远离重复过，如狮音象音，
雷吼龙王音，紧那罗梵音，
共命鸟振鼓，帝释善妙音，
不高不下声，随入一切声，
无缺减具足，无怯怖无劣，
令众心喜声，周遍无染污，

持续庄严声，圆满一切音，

诸根适悦声，无讥无轻转，

不卒入诸众，诸相悉具足，

佛六十梵音，摧贪嗔痴魔。

有际利乐众，平等行化身，

大菩提工巧，投生种种化。

佛业周遍常，任运无分别，

无灭而显现，如帝释鼓云，

梵日如意珠，声影虚空地，

有际任利他，瑜伽行者悟。

谁若精通乘，由乘行瑜伽，

故我瑜伽者，除慢见等愚。

尽入此无我，缘起道乘中，

能获得解脱，遍知无上果。

色身的功德，即三十二妙相及八十随好。

三十二妙相

1.千辐轮：手足掌具千辐轮相，如同印章中出现印文般。

2.足善住：双足掌如龟腹般平坦。

3.手足缦网：手指足趾如天鹅般缦网相连。

4.手足细软：手及足柔软而细嫩。

5.七处充满：手背、足背、双肩和后脑七处无有凹陷，丰满高隆。

6.指纤长：手指足趾纤长。

7.足跟圆长：足跟向外宽广。

8.身广洪直：与普通人相比身量七尺，身材洪大、挺直，坚如金刚，具足无爱子之力。

9.踝不显露：足踝骨不外突。

10.身毛上靡：身毛皆向上长。

11.腨如鹿王：股肉纤圆如鹿王的股肉。

12.立手摩膝：身不屈曲伸展双臂达到膝盖，形长、美妙。

13.势峰藏密：男阴如大象或骏马般藏密不露。

14.身金色：皮肤如纯金色般澄明、润泽、悦意。

15.皮肤细滑：皮肤光滑细薄。

16.身毛右旋：身体每一根细滑毛皆右旋而长。

17.眉间白毫：面部眉间柔软的白毫自性，一肘或三肘，右旋，如庵摩罗果的量，如银子图案般庄严。

18.狮子上身：上身如狮子般大幅度舒展。

19.肩头圆满：双肩头如金瓶般圆实。

20.肩颈圆满：肩项无凹丰满。

21.得最上味：舌接受任何味道都成为最上美味。

22.身纵广相：身肢纵广等如涅若达树。

23.无见顶相：圆而黑右旋的顶髻不见相。

24.广长舌：自然覆面的广长舌相。

25.得梵音声：语言犹如梵天之音，具足深如雷音、美妙悦耳、赏心可意、悠扬明晰、入耳中听五支，或者由它分出六十，或者六十语音分支，如下文所述。

26.狮子颔轮：两颊如狮子王丰满之相。

27.齿鲜白：臼齿等所有牙齿极其洁白。

28.齿平整：牙齿上下长短的量平齐。

29.齿齐密：牙齿不相间隔，极其齐密。

30.四十齿：牙齿数量满四十。

31.绀目相：眼睛如蓝宝珠般，中央的眼珠圆润，黑如蜂色，其中央瞳仁尤黑，其背面左右眼油纯白，它的两角稍红，眼中的边沿蓝，深处黄如金色。

32.睫如牛王：上下眼睫毛美妙倾斜，互不混杂，如牛王睫。

以上这三十二相，只要一见就知道这是大丈夫，令生欢喜，这些能表示大丈夫，故为“相”。《宝性论》中身毛二相算为一，皮肤二相算为一，足跟圆长、踝不显露作为一个，代替它们宣说了喉如无垢螺三纹理、身清净具光轮、发如蓝宝三种，代替身纵广相宣说了具无爱子力等，这些显然都是各自经的密意。喉如无垢螺，称为产生语梵音之处法螺，在此算在妙相中，多数算在梵音里。

随好是能圆满妙相的支分，如同花的支分是花蕊一样，妙相之花由随好花蕊点缀。

八十随好

指甲者三：1.指甲赤铜色；2.指甲润泽；3.指甲中央高。指无扁凹，中央高隆。

指者三：4.手指圆润；5.诸指丰满；6.诸指渐细。

脉络二：7.脉深不现；8.筋脉无结。

足者三：9.踝不显现；10.足无不平，双足长短平齐；11.迈步大小均匀。

步态者八：12.行步如狮子；13.进止如象王；14.行步如鹅王；15.行步如牛王；16.回身顾视必皆右旋；17.行步严肃；18.行步端正；19.体态端庄。

头部者三：20.头形丰满如伞；21.额广圆明，额间发际分明；22.额宽平正。

发者六：23.发色绀青如蜂王；24.首发稠密；25.发嫩软；26.发不乱不垂；27.首发润齐不糙；28.首发香馥。

眼者五：29.双目修广，犹如青莲花瓣；30.黑白分明等，眼如莲花；31.眼无翳等障，双目清洁；32.视色无有翳障等垢，视力明清；33.眼睫浓密。

眉者四：34.眼上的双眉修长；35.眉毛嫩软；36.眉毛润泽；37.眉毛平齐。

耳者二：38.双耳齐平；39.耳根不衰。

鼻者二：40.鼻梁隆准；41.鼻最清净。

口者二：42.面不长大；43.唇如频婆，红如显影。

舌者三：44.舌美软如莲花；45.舌体广薄；46.舌色鲜红。

齿者五：47.臼齿圆整；48.臼齿坚利；49.臼齿纯白；50.平齐平

正；51.臼齿渐细。

语者二：52.声如雷音深广威严；53.音韵和畅，语音和美。

手者二：54.手掌广长；55.手软如棉。

手纹者三：56.手纹明直；57.手纹深明；58.手纹修长不断。

全身功德者九：59.身躯柔软、挺直、端严；60.身体修、短、胖、瘦适度；61.大丈夫相一切细分，明晰圆满；62.体格高大、魁梧美好；63.肌肤柔嫩；64.身不粗糙，光泽润滑；65.身无枯瘦、萎缩之过；66.肌肉硕壮；67.身不松弛，备极坚实，指臂舒展粗细均匀。

身无瑕疵者四：68.身无痣点黑瘢；69.无不美过，身洁净；70.无有眼垢、牙垢等垢，身清净；71.未经沐浴等，自性光洁有如初拭。

下体者四：72.腰身圆好，髋不露骨；73.腰际舒展；74.腰不过长，无有凹陷；75.腹形便便，无有高下。

脐者二：76.脐深圆好；77.脐理右旋。

总行止者三：78.三门威仪洁净；79.观不厌足；80.祥瑞肌理布于掌心，所有随好只要一见就能打动人心及手足等严饰吉祥结纹算为一个。吉祥纹理，指吉祥结、万字、正方形、金刚、莲花、海螺、骏马、飞幡等，吉祥结纹说为第八十。

妙相、随好中词句相同的，妙相从本体来理解，随好从其细微差别圆满的角度来理解。无见顶相等个别特殊相除外，相似的相好功德，转轮王等虽然也不同程度具有，但佛陀的相好是清明圆满，最为殊胜，其余者一分也无法相比。佛陀一毛的功德也不可限量，然而经中以比喻片面说明超胜功德的量。世间界中所有的异生、声闻、缘觉的一切福德合计十倍，形成佛陀的一汗毛，如是形成所有汗毛的福德百倍形成一随好，以这种方式，形成八十随好的福德百倍，形成不包括眉间白毫与顶髻的三十相每一个。成就三十相的福德千倍形成眉间白毫相，形成眉间白毫相的福德十万倍形成顶髻相。形成顶髻相的福德千万俱胝倍形成喉如法螺。

六十梵音

1.流泽声：众生闻而增生善根，故为流泽。

2.柔软声：能令现世中得乐，故为柔软。

这两者是果的功德。

3.悦意声：宣说取舍之义，故为悦意，这是所诠的功德。

4.可乐声：能诠的文字善妙，故为可乐。

以上四者（1—4）也可作为妙音自本体的功德。

5.清净声：是出世间之后得，等起是善，故为清净。

6.离垢声：断除烦恼的随眠，等起无染，故为离垢。

这两者是从等起角度而分，也可理解成语言自本体无过。

7.明亮声：文句鲜明，故为明亮。

这是从加行角度而言。

8.甘美声：遣除恶见，故为甘美。

9.乐闻声：宣说出离的方便，故为乐闻。

10.无破坏声：不是外道所能谴责，遣除邪说，故为无破坏。

11.可意声：令听者的心里生起欢喜，故为可意。

12.调顺声：宣说贪等的对治，故为调顺。

以上五种是能力的五种功德，间接也能理解妙音的功德，应当了知不同程度具有上下一切。

13.无涩声：不令疲惫，故为无涩。

14.无恶声：宣说由堕罪中起来的方便，行为不难，不粗恶。

这两者对应戒律。

15.柔善声：将众生安置于三乘，故为柔善。

16.悦耳声：遣除一切障碍散乱，故为悦耳。

17.适身声：以轻安满足所化的身。

18.心生勇锐声：以胜观满足所化的心。

这两者各自分开算四种（即以轻安满足所化之身、以轻安满足所化之心、以胜观满足所化之身、以胜观满足所化之心），对应等持。

19.心喜声：遣除怀疑，故为心喜。

20.悦乐声：遣除邪分别与不定，故为悦乐。

这两者对应智慧。

以上是对应三学的八功德。

21.无热恼声：令无后悔，故无热恼。

22.善了知声：使闻慧圆满，故为善了知。

23.明解声：作为思慧圆满的所依，故为明解。

这三者是令舒适愉快的功德。

24.显示声：无有吝惜而宣说，故为显示。

这是于法无吝的功德。

25.令生欢喜声：随喜自己已获得、增上功德，故为令生欢喜。

26.喜爱声：没有获得的功德欢喜生起，故为喜爱。

27.令他善了知声：宣说甚深，故为令他善了知。

28.令他明解声：宣说广博，故为令他明解。

以上四者是摄受众生的功德。

29.如理声：具有正量而宣说，故为如理。

30.相应声：相应所化之器而宣说，与其相续相系，故为相应。

31.离重复过声：远离意义无差异再次重复的过失，故为离重复过。

以上三者是了知而运用的功德。

32.如狮子音声：令反驳者畏惧，故为如狮子音。

33.如象音声：广大周遍眷属中，故如象音。

34.如云雷吼声：音调深厚，故如雷吼。

35.如龙王声：值得受持，不是别人所能违背，故如龙王音。

36.如紧那罗妙歌声：悦耳动心，如乾达婆妙歌。

37.如迦陵频迦声：连续不断，能令理解，能无碍驳斥对方，如迦陵频迦鸟音。

38.如梵王声：能传到远距离，故如梵音。

39.如共命鸟声：成为一切成就的吉祥瑞相，如共命鸟音。

40.如帝释善妙声：词句有力，如帝释天王妙音。

41.如振鼓声：克胜魔等，如天鼓声。

以上是宣说殊胜比喻的十种。

42.不高声：由于无有烦恼，不以赞叹而高傲。

43.不下声：不以诋毁而低微。

44.随入一切声：所说不会转异，或者适合名言的法相，故为随入一切。

45.无缺减声：由于不失正念，故诸音无缺减。

46.具足声：为利益相合时间的所化，周遍一切事，故所求无不齐全。

47.无怯声：远离利养恭敬等的贪爱，故无怯怖。

48.无劣声：于眷属中远离畏惧，故为不劣。

49.令众心意唯喜声：令人对宣说正法无有疲厌，故为令众唯喜。

50.周遍声：精通一切明处所知，周遍一切义。

51.无染污声：对无有善根者也予以摄受，以慈心令众生通达意义，故无染污。

52.持续声：恒常宣说或者不间断讲说，故为持续声。

53.庄严声：以种种形式严正演说所诠义并令了知，故为庄严，也称之为威严声。

54.圆满一切音声：一种声音也具有天语等许多语种，故为圆满一切音。

55.诸根适悦声：由于显现各自想要了知的诸义，故为诸根适悦。

56.无讥毁声：如何承诺，不以损害而动，故无讥毁。

57.无轻转声：非时不传，应时行持，必生他利，而无轻转。

58.不疾卒声：不会因过快而出现缺音等，不会结结巴巴而说，故不疾卒。

59.随入一切众会声：远近距离无有差别同样听闻，故为随入一切众会。

60.诸相具足声：能以一切有实法为例而圆满宣说意义，故诸相具足。

以上十九种是能利所化的功德。

在六十种基础上，再加摧毁贪嗔痴及魔四种，也有说六十四梵音的。

佛陀化身：乃至世间存在期间，同一时间于时空的一切有情，行持种种利乐。

分类：承许三种，1.示现诸如本师佛陀出有坏十二相，为大菩提化身或殊胜化身。2.为了调伏乾达婆极喜而幻化弹琵琶的乾达婆等，因调化而示现补特伽罗种种色相，为工巧化身，这仅是以化心在某某所化众生前显现为做工巧的形象才如此宣说的。虽然有些人承许佛像也属于工巧化身的范畴，但实际上属于种种化身。3.为了调化有情示现投生为帝释天、日热野兽等种种有情，为投生化身。另外，示现舍利、莲花、宝珠、衣食、车乘等利乐有情的种种色法，称为种种化身。

佛陀的事业：是周遍等同虚空际的诸方、一切时间连续不断恒常、无有分别念无勤任运的体性。

如果有人想：无有分别念的同时事业如何能入有情界呢?

以现身帝释影，传声大天鼓，意智悲遍云，异化现梵天，散射智慧日、意之密宝珠、语现回响声，身密如虚空，利他如大地，以九种比喻说明，按照《智光庄严经》及《宝性论》中所说来了知。

依靠那种事业行持众生暂时安乐、究竟利益的一切事。虽然广分无量，但归纳起来，就是将众生安置于道所依增上生、安置于三菩提道中、安置于一切道之究竟果不住之涅槃。

如此佛陀的功德不可限量，不可思议。摄略而言，佛陀即是恒常、周遍无为法的智慧身，以呈现一切相的方式，色身每一根毛孔的功德，如来尽劫际宣说也不能穷尽，分别而言，如来的身语意之密不可思议的三相，如是佛陀的福德力、神变力、修行力、智慧力、解脱力、大悲力、功德富有力、事业力不可思议的情形，当由诸经藏中以众多比喻、意义的差别宣说而了悟。

乘品终

第十　有为无为

有为因生灭，无为则反之，

有为五蕴摄，因缘及果法。

有为法是指由因缘所生的法，自本体有生、住、灭，事相为五蕴所摄的一切法。

无为法与之相反，非由因生，无生无灭。

有为法产生安立六因、四缘、五果。

能作俱生因，同类相应因，

遍行异熟因，承许为六因。

其中，**六因：**能作因、俱生因、同类因、相应因、遍行因与异熟因。

1.能作因：有部宗认为是果以外的一切法，如此一来，一切因与非因都包含在这一范围。能作因包括有力能作因与无力能作因。有力能作因，诸如对苗芽起饶益作用的种子等。无力能作因，诸如无为法于苗芽、地狱之蕴对于无色界有情产生，把它们立为因仅仅是从对产生不作障碍的角度而安立的。也有说它们有些也可能间接饶益生果，但只需要认定有力能作因，这是一切因的总体。在讲此能作因时，为了对因的道理不愚昧，宣说因的个别异名。能生因，有近取因与俱有缘两种。其中近取因，诸如由种子生芽，由前识产生后识。俱有缘，诸如对苗芽而言地水等，对识来说所缘缘与根。再者也宣说了种子于苗芽一类的能生因以及灯火于暗室中的瓶子一类的能明因两种。也讲说了十种能作因：（1）生之能作因，诸如生眼识的眼根；（2）住之能作因：诸如使身体安住的四食；（3）所依能作因：诸如一切生物依附的大地；（4）所示能明能作因：诸如照亮暗室色法的灯火；（5）变异能作因：诸如能烧煮的火；（6）能离能作因：诸如割草的镰刀；（7）转异能作因：诸如，用金子造手镯等的工巧师；（8）可信能作因：诸如决定有火的烟；（9）能解能作因：诸如能通达所立的推理；（10）获得能作因：诸如获得涅槃的道。

2.俱生因：相互之间一个成为另一个的果，如同三角灶一样相互依存，诸如一个群体的四大种、心与心之随行、法相与事相。什么是心之随行呢？诸如所有心所以及禅定无漏戒，与心随行的法相也是它。为什么呢？与心随行的这些时间相同无有前后，产生同一个果，同为善等一个本体，为此称为心之随行。一般而言，因包括所生能生的因果与以无则不生方式安立的因果两种安立法。其中所生能生的因果，诸如种子、水等产生苗芽；无则不生的因果，诸如依长而安立短，依彼而安立此，诸如此类。此处是依照安立的因果，虽然直接而言不是一者产生另一者，并且是由一个因所生的同时，但仅仅从一者不存在则另一者也不会产生的理由而安立为因。

3.同类因：是从因与果同类的角度安立的，诸如由善心产生善业等，由青稞产生青稞等。也就是说，在果之前出现的某因主要对属于自己的种类与自地安立的。

4.相应因：唯一从心、心所而言，是俱生因的别类。具体而言，由五种相同而相应：（1）心及心所相同依于所依增上缘一个根；（2）相同缘于一个所缘境；（3）时间相同无有前后；（4）行相蓝色等的执著相相同；（5）一一实体相同。这是特为了知心与心所彼此相应产生之理，关于相互观待的道理，如前所说。

5.遍行因：遍行是烦恼，仅是另行宣说有染的一切法的能生，诸如烦恼中生烦恼，也属于同类因的类别。产生自地之烦恼的能生在果之前产生。

6.异熟因：从产生悦意、不悦意轮回果的角度另行宣说，唯是有漏善及不善。

异熟增上果，等流士用果，

离系果五果。

五果

1.异熟果：成为产生有漏轮回苦乐感受所依之果的部分，自本体是无覆无记法。善不善任何一种自因由有记异熟因中所生，由有情的相续所摄，或者属于与之相关的法。

2.增上果：凡是成为能作因的果。

3.等流果：是同类因与遍行因二者的果，此果与自己的因相应故得名。

4.士用果：是俱生因与相应因二者的果，以士夫造瓶子时作者与所作境各自存在为例，与之相似而命名。

以上这一切都是有为法。

5.离系果：由智慧各别抉择的力量而远离所断的灭法，它自本体是无为法，之所以也安立为果，是因为虽然自本体不是由因所生，但从断除其障所断而产生它的缘故，是由无则不生之因安立。尽管有人说除抉择灭以外的其他无为法不安立为因，但我认为，仅就如种子焚烧后苗芽不复存在的非抉择“无则不生”的名言因这一点是相同的。现在的一切有为法可以说单单是有为法的自果。要知道，也有说凭借某因的力量产生某果是士用果，也有说根据因与果相同的个别部分是等流果。彼果是自己的近取因的等流果，俱有缘与安立因果的士用果。一切有染污的法是由不包括异熟因的其他五因所生，异熟生，是由遍行因以外的五因产生，因为它不是染污性，不是由遍行因所生。剩下的无覆无记法、工巧、威仪等心及无漏第一刹那以外的一切善法由上面的异熟与遍行外的四因产生。无漏第一刹那，自己前面同种类的同类也不存在，因此由三因所生。这一切是就心心所而言的。非心、心所的有为法——色与不相应行，当相应对应除了相应因以外的其余五因，身语不善事是染污法，所以由遍行因所生，剩余的内容都容易理解。

因缘等无间，所缘增上缘，

此等乃四缘。

四缘

1.因缘：除了能作因以外的五因综合起来安立为它。

2.等无间缘：凡是前面心、心所产生自己后面的心与心所。除了阿罗汉临入无余涅槃的最后刹那心以外的一切心与心所都是等无间缘。

3.所缘缘：是一切法，因为缘于它而生起识。

4.增上缘：能作因称为增上缘。

以上四缘中，所缘缘与等无间缘两者唯一是心识的因，其余两者是产生一切有为法的缘。为此，心与心所由四缘产生。

特殊情况，除了所缘缘以外的三缘产生无心的二定，它只是遮止心而没有所缘缘。

另外，有色与不相应行由因缘与增上缘产生。

如是这些因产生之理内部的诸多分类，当凭自己的智慧来理解。

通过以上宣说因、缘、果的道理，总的能通达诸法缘起，分别由异熟因可了知业产生果；依靠同类因可了知因果无有错乱，随行于因；依靠遍行因可了知一切烦恼在心的本性中不存在，而由因中骤然产生，由此可知通过对因作障碍能断除之理；依靠俱有因能破除对因是整体、作者的执著，通达因有若干法；依靠相应因能破除将心执为整体、常有、唯一、作者，了知是由诸多法聚合而生，依靠能作因可了知，它包括这些特殊因谁也不能包括的其余一切因，总体来说一切法由近取因与俱有缘产生。这六因摄集一切因，依此就能了解生果之理。

果时，为了遮破这个世间不是由宿业所生而宣说异熟果；为了通达因果不错乱，黑业白业分别成熟，一切果与因随同而宣说等流果；为了破斥裸体派等承许唯有宿业是因，了知不单单是宿业如同士夫所作一样现在的因也生果而宣说士用果；尽管不是那些特殊因的果，但凡是因之果都由增上果所摄。以它们摄集一切有为法的果而宣说。为了了知解脱虽然是无为法但以道的力量可获得而宣说离系果。由以上必要而分为六因，它也可以摄在两种中，由心产生之方式，从中另行分出两种，因此缘有四种。依靠这些能轻易通达内识及外境产生的道理。

无为之自性，真如之差别，

自性本清净，离客尘清净，

有垢无垢二，法人二无我，

基道果真如，空无相无愿。

外内外内空，空空及大空，

胜义有为空，无为离边空，

毕竟无散空，自性一切法，

自相不得空，无实体性空。

十六复摄四，有性无性空，

自性他性空。胜义由证悟，

相似真实二，证二谛双融。

深法有八种，生灭及真如，

所知能知行，无二巧方便。

有为漏尽中，得解脱无为，

除解不解基，我见之愚昧。

知有为无为，名通一切法。

知双融法界，证究竟谛实。

无为法：如前所说，有抉择灭、非抉择灭、虚空、真如四种。尽管真如自本体无异，但观待空基有法而宣说了多种分类，自性清净真如与离客尘真如，有垢真如与无垢真如两种，再者从人无我、法无我的角度分为两种。还分为基真如、道真如、果真如三种等。因无相、体空性、果无愿，从因、果、体空性的角度而安立三解脱门，按照它们的次第，分别是断除本体、差别等相执，断除我见、边见、有实无实等一切见，断除纳受、执著等一切愿。在三解脱门基础加上自性光明无为法，也说了四解脱门。

十六空性：

1.外六处以各自体性空，为外空。

2.内六处空性，为内空。

3.内外二处空性，为内外空。

以上三者说明外内所摄的一切法自性不成。

4.大是指周遍一切十方，故为广大，这些方向自本体不存在，称为大空，因为能遣除对方向执为大之想。

5.无始无终，是指显现种种世界的轮回，它以自本体空，称为毕竟空，因为能断除对轮回的耽著与畏惧。

6.有生、住、灭的有为法所摄三界以自本体而空，为有为空。

7.虚空等无生无灭的一切无为法以自本体而空，为无为空。

这两者说明了一切无不集于有为无为法中，它们无有自性。

8.一切法的法性无自性，即是空性，空性也以自本体而空，为空空。

9.常断等边不存在，即是离边，离边也以自本体而空，为无际空。

10.一切有为无为法的体性谁也未造作，故称自本性，它也以自本体而空，即是本性空。

11.三时了不可得，称为不可得，它以自本体而空，即是不可得空。

12.胜义是指所证的第一真如及所得的第一涅槃，它以各自本体而空，即是胜义空。

13.任何法无弃或无舍，称为无散，它也是以自本体而空，即是无散空。

14.以缘所生的一切有实法不存在相续与聚合的实法，它称为无实体性，其本身以自本体而空，即是无实体性空。

以上这七种是为了破除对对治的耽著，次第了知空性、离边、自性、不可得、胜义、无散、无实体性也一无所成进而证悟无余遣除耽著某某法的所缘执著相的离戏才宣说的。

15.从色法到一切智之间的一切有为、无为法以自本体而空，即是一切法空。归纳而言凡是所知无不是空性，摄集上述的一切意义而说。

16.安立一切有为、无为法的假立意义，即是有质碍等自己的法相，如火的热性与水的湿性等，尽管由自相与依靠它而耽著彼法此法，但它们的体性不存在，即是自法相空，为了了知这些法并不是凭借其他对治成为空性的，而是显现本身自性就安住于这样的空性才宣说的。

如是说了十六空性后又再度归为四种而说明：有为五蕴所摄的一切法以自本体而空，为有性空；一切无为法是无实，也都以自本体而空，为无性空；一切法以法性或本身之自性或自然空性而存在，为自性空或体性空；体性空即是一切法的法尔，从这一角度而说他性空。《辨中边论》中说："受者内六处，所受外六处，内外所依体或基，处基器世界，这四者本来空性，从所证境的角度而言。"

见到空性的智慧，以对境的名称立为"空性"，它以自本体而空，为空空。如何见到呢？见到胜义，它以自本体而空，为胜义空。以其智慧见到胜义空性的目的也分为八种：为了获得有为、无为的清净善根而证悟它们二者为空性[①]；不住有寂之涅槃，为无际；无始无终是指轮回；无散是指无余涅槃时善根也不穷尽；自性是指自性住种姓；佛陀的相好在这里为自相；一切法，在这里是指佛陀的十力等一切法。了知这一切都是以自本体而空，进而不惧轮回，为了获得道、涅槃的善根使那一切得以完全清净而修行。在以上十四空的基础上，人我、法我二者本体不存在，为无实空；二我本体不存在的空性，是无实体性空，前者是从否定的侧面说明，由此遣除对二我的增益；后者是从肯定成立空性的角度说明，由此遣除对空性的损减。这般宣说了十六空性的分类。十六空性与四空合计，为二十空性。空性从补特伽罗心悟入的次第或者证悟方式而言，有相似胜义与真实胜义或相似空性与真实空性。相似胜义，仅仅对诸法遮破成实的无遮，只是断除了一分戏论而没有证悟远离执著相境的戏论。这单单是假立胜义和空性，而不是真实胜义，但需要依靠它而证悟真正的胜义空性，为此称为随同胜义。唯一是从依于成为有分别之心识对境的所知法从依缘而生、依缘假立两个角度安立为有，因缘

①此为前两种。

所生的一切有为法，是从依缘而生的角度立为有；一切无为法虽然不是由因所生，但从仅依缘假立的角度立为有，它们各自否定所破而成立某某名言，诸如将无有质碍安立为虚空，将灭尽所断立为抉择灭，将尚未产生安立为非抉择灭，从遣除成实的角度安立为无实。为此，一切无为法也不超出依缘假立的缘起。（龙树菩萨在《中论》中）说：“非为缘起法，少许亦非有。”如此这些无为法是无实无为法，仅以分别念所了知的对境，以心假立的，并不是不可思议的法性。所以，如果以智慧剖析这些，那么自本体无不是空性，因此在胜义中不可得。《中论》又云：“是故非空法，少许亦非有。”尽管如是有实无实的所有法无不是以自本体而空，但名言真实不虚的显现，是在本来空性的同时显现的，因此要证悟现空无违一义，这就是“谁说空缘起，中道中一义，诸说中第一”。安立有实无实的一切在真实义中，要远离执为互不相杂各居己位之异体的耽著，显现、空性或空性、缘起无二无别的法性以远离一切戏论的自性而安住，是无有所取、能取无分别智慧各别自证所证悟的，这就是真实胜义，它也立为法界、胜义谛、真实际、真如等种种异名。这并不是单单以分别心假立的，一切法的自性实相本来存在，三时无变，超出以分别心假立及分别念的对境，在其本性中，一切法平等性，因此除了法界以外的他法一无所有，遍具殊胜之空性，是大乘一切证悟境界中最至高无上的究竟。此双运无为法，与无实无为法截然不同，它是不住有实、无实任何边的大无为法，因为它不仅单单非由因生，而生也超越了观待假立成立可得的名言，因此是真实无为法，正是念及于此，怙主龙树才亲言：“实无实有为，涅槃无为法。”以及“遮遣诸所诠，遮心行境故，无生亦无灭，法性同涅槃……”并且是法王妙吉祥称亲口所说“蕴析为空性，无实如芭蕉，遍具之殊胜，空性非同彼”的意义。证悟此理者前，二谛没有分开的异体，因为证悟了一切法法界等性唯一明点金刚犹如虚空一般，如云：“此中无所遣，亦无少所立，真实观真性，见真性解脱。”将抵至大乘所说离戏等性的堂奥。

如果有人想：那么，分开二谛就无有意义了，成了一谛。

分开二谛是趋入唯一真谛究竟胜义谛法界等性的方便，因此有意义，如来说究竟一谛诸法本来寂灭、无生涅槃等性。诸大祖师也已在论典中建立了这一点。

深法性八种：

一旦对如此甚深究竟的此义获得了法忍，那时，对如来所有经典的一切深广教义才生起远离怀疑黑暗的定解。

然而，大乘虽成为未曾修心、积资薄弱、执二谛相违的浅慧者畏惧之处，可是拥有证悟具八甚深智慧眼者会对此理坚信不移。什么是八甚深呢？

1.生甚深：诸如生、无生，二谛于凡愚者前现似相违，但在照见甚深法性者面前，于胜义中观察生，则是空性，同时由于缘起无欺而在名言中有生，这两者不仅不相违，而且呈现一义，此为生甚深。

2.灭甚深：证悟在胜义中无灭而在名言中有灭，不违一致，此为灭甚深。

3.证悟甚深：有学道中依靠智慧了知真如，但以善巧方便非时不现行，浅慧者会认为：了知真如并进行串习，怎么会有不现行的可能呢？如果有，那么了知与串习就枉然无义。他们难以通晓，但诸位智者凭借了达真如并串习的力量完全能做到非时不现行，以普皆清净究竟的本体而现行，了知无违一义，此为证悟真如甚深。

4.所知甚深：了知胜义离戏无有行持布施等的同时，在名言中行持无量布施等，普通人的心里认为，如果无所行持，则行持布施等也不合理，如果行持，也就不是无行持，执为相违而不了知其义，但具有甚深智慧者，了达胜义中无所行持而在名言中行持与成就其果无欺存在，而通达胜义中有则不合理的道理后，证悟二者一致，此为所知甚深。

5.能知甚深：胜义中任何法不可得，因此一无所见，一无所见即是最殊胜的见。浅慧者心想：一无所见怎么会是最殊胜的见呢？如果有殊胜的见，那它就是见，而并非是一无所见，执为相违。对此，具足甚深智慧者通晓，假设存在属于有实无实法的所见或所缘，那么执为视为它的相，因此不可能有无分别智慧，无有任何以所缘所见的意义，无疑是各别自证所领悟，诸法不可思议这唯一实相的道理，此为能知甚深。

6.行为甚深：如是胜义中诸法无所行而行，即是最殊胜的行，是行持实相义，对此所说，以上述的方式证悟无违一义，此为行为甚深。

7.无二甚深：虽然在真实义中所修能修无二，但在名言中修持道，也以上述的方式证悟无违一义，此为无二甚深。

8.现行果善巧方便甚深：宣说世俗中圆满二资粮，胜义中其佛果无所得，无得本身就是最殊胜的获得，对此凡愚们也执为矛盾，不能一五一十证悟其理，但具有甚深智慧者了知，如果胜义中存在一个有得的所缘，那就不是不可思议智慧身的佛陀，是相似法所摄的相似果。不可思议的实相无修无得。然而，现前这样的法性需要圆满能清净客尘的二资粮，证悟它也是在胜义中无修、无得的原因，在名言中修、得无欺无违一义之理，即是现行果善巧方便甚深。

总之，具足证悟空性缘起无违双运一义的八种甚深，这是指现前八地的证悟境界，而获得与甚深义相应的法忍也可相似生起，渴求趋入大乘密意的有智者也必须生起与之相应的智慧。倘若对如此二谛双运真实法界生起了如理定解，那么将对大乘整个密意获得智慧光明。

有为无为品终

附一　四法印[①]

因生有为法，刹那无常性，

初刹那不变，终究亦不灭。

如流水灯火，刹那同类无，

凡愚思为一，增益有法常。

闪电泡云等，至须弥万物，

刹那同类灭，自灭无他因。

外器世间界，亦随有情业，

如虚空界云，成住终坏灭。

如是安住时，亦以缘增减，

业感变异等，无常即刹那。

内处诸有色，业生相续住，

住胎降生等，分位次第变。

三界心心所，四缘生期间，

至寿增圆满，刹那串联住。

①注：附一（四法印）、附二（四无障解），虽然不属于《智者入门论》的十处，但也是麦彭仁波切所著，收录于《智者入门论》的藏文原著中。

如种生芽等，因生有实法，

前后因果生，知皆刹那性。

若知法无常，不贪诸有为，

远离常执痴，悟入真实义。

如此讲解完所要通达的十处意义之后，接下来依理抉择所证之精华——四法印，如经中云："诸行无常，有漏皆苦，涅槃寂灭，诸法空性无我。"

一、诸行无常

要知道，所谓的行，就是以因缘而行或属于有为的任何法，这一切都是刹那生灭的，因此是无常，凡不是由因所生，即是无生。产生的法，在因缘没有聚合之前不存在，当因缘聚合齐全无间产生的第一刹那，为形成，它也是从自身形成之时起不留住于第二刹那而灭尽，次第由因的聚合没有消失前，与前面相同的相续不断流转，凡愚则将有实法从出生到没有毁灭之间认为常有，这只是错误的观念。实际上，就像河流、火焰等一样，成为无情法的外器世界及内在的身体、心识所摄的一切心与心所也是刹那生灭，如此闪电、水泡、浮云等直至须弥山之间的万事万物安住期间不管是显得多么长多么短，但要知道都同样是刹那的自性。为什么呢？这些有实法终究毁灭，相续安住时可见有不同阶段，由此可知，如果从第一刹那一直不变异，那么就不该存在最终坏灭、中间不同的差别，理当是恒常的，就像现在刚一产生的第一刹那一样一直安住，可事实并非如此，因为以现量可证实的缘故。

如果有人认为：比方说，由泥土、人手的操作、轮子、木棒等的因产生瓶子，从产生起到没有值遇锤子等毁坏之因前，那个瓶子是恒常存在的。

瓶子是第一刹那由因产生，它从本身形成时起，不会停住到第二刹那而灭亡的有法，假设它不灭而存在，那么就不可能有任何后面阶段的差别。然而，瓶子却有新旧、有没有图案、有没有色形、里面有没有水、人拿没拿在手里等，有地点、时间的不同种种阶段。为此要了解到，瓶子自身微尘的近取因以及火、水、工匠等的俱有缘，才形成有实法阶段变异的刹那串。瓶子于某地没有移动、没有转变其他行相、没有遇到其余外缘的时候，直接没有看到它有不同以往的其余差别，可是，绝不可能没有前后刹那的差别，所以要知道瓶子从产生到毁灭之间有多少刹那聚合，就有那么多生灭。

假设凡愚们认为成为瓶子恒常存在的障碍是锤子之类的灭因，它使瓶子成了无常，而没有遇到它之前瓶子是常有的。

事实并不是这样，凡是由自己的能生因所生的法，自性就是刹那毁灭的，因此毁灭不需要其余因，锤子使瓶子的相续不复存在，并不是瓶子原本常有，依靠锤子才破坏的。如果常有，则无法破坏，但瓶子本身就具足刹那毁灭的性质，由瓶子最后刹那的近取因与锤子的俱有缘形成了瓦砾的阶段，如泥土的因与手的操作之缘形成瓶子第一刹那一样。然而“能中断瓶子同类不间断产生之相续的锤子打坏了瓶子”仅仅是命名为灭因罢了。

依靠粗大相续的无常现相而称“锤子凿碎瓶子”的这一名言与事实无有不符，但不了知细微法性的无常，认为瓶子暂时常有单单是以其余灭因而成为无常的想法实属错误。因此，依靠不同因缘聚合中，一切有实法的同类与不同类阶段运行，都是缘起的性质刹那的连串次第安立。如此一切有实法由因重新产生，在有因的牵引之间，同类不间断存在，当因消失之际，同类的相续也就泯灭，显现有生灭住，也不观待其他因，本身自然具足不住留于第二刹那无常的法相，这是诸位圣者照见，是按照经中所说，以势事理成立。如果这般加以分析，就会明白，显现外器世界风、水、地、山王、金刚石等坚固的事物也都是由众生的业力所感，就像虚空界中云朵一般重新形成，暂时安住，最终被火等毁灭，于虚空中变成空无。

正当这样安住时，也可见外界的四大种与色等五境以外缘而变为增减，完全变化，由宿业所感，还有以士夫的雕刻、焚烧等造作，被火等其他大种所害，随着时过境迁将变得陈旧，内心改变外境也如是改变，诸如获得等持境界者等前成立是刹那的无常，然而众生只不过是把色、形、所触等行相相同其余相似持续的刹那前后错乱为一个而认为常有罢了。

内在有情各自的身体、根的种种行相，重新由业惑产生，同类安住到最终死亡即是灭尽，现今正在安住时，也是首先住胎、降生、从孩童到老迈终究死亡之间，年龄阶段次第变化，苦乐等不同阶段次第产生，如此与心的相续相系而由受所摄，每一刹那中前后因果相属而生，相应宿业的牵引，清净不清净心的流转相应改变、增减、胜劣、苦乐、境与行为其余不同的阶段可以得见，由此可知是许多不同刹那。由识所摄的三界一切心与心所，同类连续产生，诸如禅定心或不同的欲界种种散乱心，不同种种阶段迅速产生、变化，它是由等无间缘、所缘缘等四缘及种种不同因而有改变性的。转生到三界所摄的不同趣时，从转生到某处直至各自的寿量圆满之间，要知道是时际刹那的连串生灭次第性产生。

如此一切有为法是依靠因缘集聚的力量以种子生芽等方式次第改变，安住劫数的一切事物也是从年、月、日、时到刹那之间的生灭如同秤的高低一样不间断辗转的无常，了知这一点具有不贪执有为的行境、信解解脱、成为趋入空性义的所依等殊胜必要，为此经中说：“诸足迹中，象迹第一，诸想之中，无常想胜。”

一切有漏法，不超三苦性，

生老病与死，怨会三途苦，

体性苦多种，暂时现似乐，

刹那无常恒，终究相续灭，

不离于变苦。苦乐等舍摄，

有漏五蕴续，成为后苦因，

周遍行苦性。是故诸轮回，

苦性如火坑。

二、有漏皆苦

属于行或有为的法也包括有漏与无漏两种，其中所有无漏法不是由苦因、体、果所摄的缘故不是苦，然而，一切有漏都处于痛苦中。为什么呢？因为：所谓“苦”，即是身心不欲不适，一切有漏法也都是痛苦的本体或与之相属相杂，成为产生痛苦之门。

到底是怎样的呢？恶趣的痛苦，善趣中也有生老病死、爱别离、不欲临、求不得，凡是大大小小的所有痛苦，只要出现，包括旁生在内都知道不愿意而痛苦，这就是苦苦，它有别于其余两种苦，是为了了知本体的痛苦，用双重苦的名称对应差别基与差别法而宣说的，如经中云：“苦苦者，若生则苦，若住则苦，若变则乐。”

各自痛苦的差别：地狱有严寒酷热等为主的无量痛苦。

如果有人问：《大乘阿毗达磨集论》中不是说爱别离等归集于变苦中吗？

是，但它的密意是指一旦将要分离的意思，而这里是从正在感受分离等痛苦的角度来讲的。

变苦：善趣等任何世间界中都是一样，有漏之处、身体、受用不管是如何显现安乐的行相，也不会恒常，最终决定唯有变化，不超离四际所摄。在变化的时候，以前的那种安乐成了悲伤的因，诸如丧子的忧伤，如果儿子没有出生也就不会产生他死的忧愁。经中云："变苦者，生则安乐，住则安乐，灭则痛苦。"因此，所感受的大小安乐都无不由前面次第灭尽、后面次第产生、最终相续泯灭所摄。所以不可信赖，如同秋季的美丽白云一般，贪恋欲妙的安乐会导致恶趣等许多难忍之苦，成为解脱道的障碍，杂此等罪恶之垢的有漏安乐利微过大。

行苦：只要是有漏近取蕴，暂时安乐也好，痛苦也好，不苦不乐也好，其所有刹那分作为后面蕴的近取因，由此成为未来一切痛苦的来源，好似有毒的食品、痈疽病将来成熟、迈向杀场的每一步伐越来越靠近死亡的痛苦一样，正是念及存在痛苦之因，世尊才说："行苦者，生住灭虽不现痛苦，然成为苦因。"有漏行相续的一切部分无不遍及此行苦。如果思维周遍的这一行苦，那么正如所谓"轮回如针尖，永无有安乐"。诸位圣者以慧眼照见轮回犹如火坑、罗刹洲一样是厌离之处，而凡愚们不知行苦是苦，而且唯一徘徊于求生、求财、求受用等中，他们将在无所思察的情况下走向终究必定来临的死亡等，也不会如理作意变苦的自性。由于始终为三苦的这些自性束缚的缘故，从一切有漏蕴是痛苦的本体、与痛苦相系，成为苦因的途径会证悟苦谛。由这样的含义而说有漏皆苦。如果了知了这一点，那么就会对轮回的自性生起出离心并趋入真实解脱道。

知彼正慧者，解脱贪诸有，
趋无漏涅槃。有漏轮回蕴，
间或故有因，因非自在等，
依理见业惑。祸根我见暗，
无我光驱散，如种已烧毁，
永破生轮回。无恼真实义，
自性以颠倒，纵勤亦不摧，
慧持彼品故。证二无我义，
心自性光明，远离诸客尘，
不住胜涅槃。断二障习气，
具二净为净，除意自性蕴，
彼因故为乐，证轮涅等性，
不住无为常，灭我无我戏，
得法性身我。十力自在等，
功德大本性，当缘最胜果，
发大菩提心。

三、涅槃寂灭

正如刚刚所讲，了知有漏蕴皆苦后依靠真实的对治断除其因——集谛，永久性遣除有漏因果的解脱涅槃就是寂灭，因为是永久离开轮回的一切痛苦相的自性微妙果位。这一点依理成立，轮回苦蕴的这些阶段，并不是常有不变的，时而就会出现种种状态，为此能比量推知它们有因，那种因是大自在天等造作这一点有理证妨害，并且依理成立由业和烦恼所生。为此，如果依靠追随具足对所化众生宣说利益方便之慈悲与无误照见所知自性之智慧的殊胜本师——量士夫如来所说的智慧加以分析，就会认识到能积业的一切烦恼的根本就是我见，当观察我执的对境我或自己时，对犹如将花绳误认为蛇一般依靠设施处五蕴的相续聚合而假立误认为有我这一点获得定解后，以证悟无我的智慧从根本上断除萨迦耶见，从中有个永久遮破有漏因果的灭法存在，这以理成立。解脱也有两种，一是安住于暂时寂灭一边而没有圆满的声闻缘觉果，是小乘的涅槃。二是圆满证悟二无我的究竟智慧，不住有寂涅的涅槃，是依靠大乘道所得无上的佛果，它也是依靠理证之道可以得见。其中，断证没有圆满的小乘声缘涅槃，也因为断除了烦恼障的缘故，如同焚烧了种子不复再生一般永远离开轮回，因此是真正的解脱。

假设认为：正如人的相续生起道一样，难道串习道究竟者的相续不也会产生过失吗?

并不会，心的本性中并不成立我见等不可远离的过患，但就像将花绳执为蛇一样，仅仅是心依靠外缘暂时迷乱罢了。当已经获得能遣除它的对治——现见无我等义的外缘时，尚且如同光明驱散黑暗一般我见等过失无容身之地，更何况说串习对治达到究竟之时了?

如果有人问：那“心具对治性，能除因不容”是指什么呢？

无我等对治是没有轮回痛苦因果的过失或损害，因此依靠勤作并不能消除，尽管无有损害，但如果有理证妨害，那么也会舍弃，事实上，依理可证实它是真实义，永远不可能有发现妨害而舍弃的情况，以勤作不能推翻，无有理证妨害，并且也不可能有因忘失等心与远离对治而失去的情况，因为在串习究竟时，心性完全成为对治的体性或自性，违品增益的执著相再勤作也无法消除，心认定为不舍的正品对治，就犹如了知花绳上无有蛇的心不会有执著蛇的机会一样。这一点，如《释量论》中也说：“无害真实义，体性以颠倒，勤作亦不除，心执彼品故。”更进一步地说，心的自性光明，断除了所有客尘而成为自性大清净的本性，断证圆满的究竟转依佛陀法身有无量功德，但归纳而言，即是净乐常我波罗蜜多。

如何是净乐常我波罗蜜多呢？法界本体自性清净，依靠如实证悟二无我的大智慧摧毁暂时的二障及习气，使之不复再生，因此具二清净，是净波罗蜜多解脱身或极净身。不必说是苦集的粗大过失，就算是声闻缘觉们也不能断除的意性蕴、其因无明习气地也完全予以断除，远离一切变异之苦，即是乐波罗蜜多大乐身。不会将轮回、涅槃执为异体，证悟平等性，不住有实无实之边的不坏大无为法，即是常波罗蜜多如金刚身，它也不存在断绝前有相续而新生、诸行从旧到朽的老、身体变异的病、不可思议变化的死殁这四种过失的部分，因此次第成为恒常、稳固、寂灭、无迁变永恒的自性。超离我有实及单单无我分的无实相似边，寂灭戏论而获得转依成为诸法之法性周遍有寂的智慧，即是胜我波罗蜜多，大我如虚空平等性智慧身自在驾驭一切法，成为十力、十自在等不可衡量、无与伦比无漏法海之依处，是二利任运自成的微妙所依。如是解脱涅槃，是无上的灭、净、凉、妙、离，见到第一究竟性而应该欢喜解脱果，尤其是应当缘于大乘法的涅槃而发起无上殊胜菩提心。

有为无为法，依缘生假立，

依于缘起转，显现无欺性。

未察似存在，以理作分析，

真成无少许，各自体空故。

蕴之相续聚，自诩为我已，

观察蕴非我，蕴外亦无我，

相续聚合者，如串军等虚。

犹如分支聚，立名称谓车，

一一支非车，支外亦无车，

故车无分支，分支亦无车，

彼二非互具，聚形亦非车，

观七相不成，缘起现无欺，

唯是假立车，不否世作用。

观七相无我，依蕴相续聚，

未察生我心，如梦受苦乐。

说色非是我，我色互不具，

如色不住我，可推余四蕴。

证无我金刚，能摧见解山，

与我惧同灭，住于坏聚见，

坚山之高顶，共有二十种。

如是说我常，遍一驾驭等，

愚昧迷惑轮，无基唯增益。

若常位不迁，若一无异别，

若遍皆成一，驾驭何生怨？

彼事量不得，彼乐之资具，

成彼唯迷乱，如石女儿衣。

无我蕴相续，利害无欺故，

如实行取舍，无我极应理。

有我无离贪，是故流转者，

无我离诸贪，趋至于解脱。

增益数取趣，施处蕴等表，

外内轮涅法，悉皆无自性，
如幻梦影像，阳焰与水月，
光影回响化，如是八幻喻。
缘起此显现，现基二极微，
依他起心识，承许不空等，
背离中观道，不成堪观察，
自体无不空，觉知空时现。
设若自生自，生无义无穷，
设若他生他，一切生一切，
设若二俱生，二过有妨害，
无因不待他，成常有或无。
何法生不得，岂能有住等?
显现生灭等，未察许名言。
生可得则成，堪名言谛察，
胜义不破生，圣道灭法因。
是故本无生，然生幻不灭，
生无生等义，以中观道见。
若多生一果，一异成无因，

若多生多果，果一不容有。

若由一生多，异果不容有，

若由一生一，因聚成无义。

故因果缘起，离实一无异，

一异唯假立，真义无有生。

果有无需因，若无因不生，

俱非俱不容，若析生不成。

如是生灭住，不住我有无，

体不成假立，悉皆不得故。

无有此承许，凡愚虽畏惧，

自证离名言，见离戏诚信。

六若对一分，极微成六分，

六者若一位，丸亦成微尘。

是故诸有色，支聚破析已，

微尘亦不成，如何有实性？

刹那有前后，中刹那有分，

彼若无部分，劫亦成刹那。

如是分析时，无分不成立，

实法基已破，成实唯遍计。
八识虽显现，缘生无常性，
种种相有分，毕竟无实一。
二取空之识，体性亦不成，
可得无实一，非理无能立。
故依他起识，成实亦遍计，
缘起显现法，本体不容实。
非相应假立，无为亦无体，
故有为无为，皆不成实一。
无一故无多，若无一与多，
则破余真实，三品无有故。
诸法由因生，因缘显现法，
自体不成立，虚伪如影像。
虽现不成实，离常断生灭，
缘起不离空，名言皆合理。
二谛双融者，中观道所证，
现空等无二，法界究竟义。
离言思真如，各别自所证，

谁证真实义，如实定成就，

大乘之道果，一切诸功德。

四、诸法空性无我

凡属于有为无为法的一切，都是人无我与法无我，为此成立诸法无本性。如何成立呢？将假立的造业者与感受苦乐者认为是我或补特伽罗或作者，它只是依赖于这个五蕴而自认为是我罢了，如果以智慧观察，则人我的体性不可得，因为与蕴既不成立一体也不成立他体。假设那个我与蕴是一体，则如同所有蕴各不相同一样，我也应成多种，如果蕴的部分——色是我，则如同微尘数一样，我也应成多种。同样，受、想、行、识蕴也是众多的缘故，我也应成多个。五蕴是由因所生，刹那无常，所以我也应成无常，总之，极微与时际刹那众多部分聚合的蕴并不是我。如果与五蕴有别的我单独存在，就应该可以得到，实际它不可得，依此可遮破我与蕴他体。如果离开有为之蕴的我存在，那么就不该具足造业与感受苦乐等的法相，就像虚空一样成为无利无害的无为法。

犊子部认为，我具有与蕴不可说是一体他体、常无常等任何一种的本体。这种观点也不合理，以量分析，不成立（对立）两方面任何一种对有实法来说不可能有，因为，有实法决定有这两种情况的任意一种存在，相反，不是这两种任意一种的第三品有实法不可能存在。如是色不是我，色与我不是相互具有，我不住于色，色不住于我，这样类推受想行识，共有二十，是二十种坏聚见，依靠它们的根本俱生我执产生遍计所执，因此，以智慧金刚摧毁萨迦耶见之际，一切将顿时毁灭。此外，如《梵天请问经》中宣说了依靠根本萨迦耶见依前际、现在、后际的六十二种见解。

再者，承许我是常有、唯一、自在驾驭、周遍等的尽所有增益；如同见到瓶子资具、轮盘、棍棒而知道有陶师一样见到成办自利的卧具、衣食等而推测有我；如果无我，那么精进修道等成为无义，不成为谁之利益。凡驳斥承许无我等的观点，所有说有我的外道，完全无有意义，因为，对于无我，罗列它的差别法及依据均不合理。如果我是常有，则不可能有造业与受业的不同阶段，也不可能有苦乐、高下、清不清净等阶段；如果我是唯一，就不可能有差别法等种种安立；如果我是驾驭一切的自在者，那么不可能产生少许无常、不乐意；如果我是周遍性，那就顿时具足一切，远离对治，自他善恶等相似所为的差别均不合理。我的本体，以正量了不可得，所谓“见到成办其利益之事”的因不成立，如同说石女儿的衣裳一样。

若问：卧具等不是取受为我所吗？

虽然是无我，但能利益蕴的聚合及相续的缘故是所取受。如果有我，则不可能有解脱之道，对说有我的宗派而言，不可能有能断除我贪的道，如果没有断除我执，则由我所执而取三界，永远不会离开，由此不可能存在解脱轮回的方便。对说无我者而言，有解脱，与上述相反，不取不舍而成就远离三界贪执的涅槃。成办利益与断除损害并不是有我的意思，因为依靠无我之蕴聚合相续而安立为作者与受者等。比如，所谓的车，是依赖自己的分支聚合而假立的，原因是，车轮等分支与车二者并不是一体；除自己的分支以外车也不存在；分支与有支也不是相互具有；有支也不住于分支中；车轮等分支也不住于有支车中；分支聚合与聚合的形状二者除了分支以外的实体少许也不成立。所以，如果这般以七相分析，则有支的车不可得，但仅仅依靠自己的分支而假立存在。同理可知，我也是依靠蕴而假立的，如果以七相分析，则不成立。对此，如经中也说："谓我是魔心，汝乃成为见，行蕴此空性，此者无有情。犹如依支聚，而说车之名，如是依诸蕴，世俗名众生。"

假设认为：虽然依理遮破了人我，但是它的设施处色等诸法现量可得的缘故，万法的体性是成立的。

色等的无欺显现只是由缘起而显现，如果以智慧对这一显现加以分析，那么它和它的体性均不成立，就像影像与梦幻等一样。

那是怎样的呢?

是依靠观察因的金刚屑因、观察果的破有无生因、观察本体的离一多因、观察一切的大缘起因四因来抉择，如此，由因缘聚合中显现果，这一点不可否认，所以凡是内道佛教的宗派都承许由缘起显现。但是，将缘起之基"两种极微"或者"依他起识"作为成实，而在空基上说人我或遍计法空之类的非遮、无遮空性，是佛教有实宗承许的，而说无体性的中观宗，认为蕴等一切法是在自体性不成立的同时显现的，因此经得起观察胜义的理证分析成立的法少许也不存在，承许这样的空性。但这样的空性、缘起的显现二者以万法的法尔而呈现无违一义，这就是龙树菩萨所承许的现空双运大中观、如来的究竟密意。次第及顿时趋入如此意义之理，尽管名言承许等内部的观点有所不同，而这里是宣说总的中观要点。也就是说，仅仅在名言中由因生果，如果在胜义中分析，则生不可得，假设有经得起理证分析的生存在，那么需要以自生或他生或共生或无因生四边任意一种方式产生，而这些都不合理。怎么不合理呢？

自生不合理，自己不该由自己产生，因为自身的本体已经成立，再生无有意义，如同孩子已经出生不会再生，假设再生，则将如种子一样它也成了无穷生，芽茎等不同的阶段次第变化皆成无有。

假设承许自生的数论派说：就像泥土的一个自性能导致瓶子等的种种变化一样，种子等一个自性也能舍弃种子的形象而迁变为苗芽的形象。

如果明明见到种、芽等那些阶段现今就存在着有无、色形等不同情况依然承许是一个，那么水火、善恶等一切都将变成一个，因此有太过妨害。

如果认为：种、芽等是一个相续，与火水等截然不同。

所谓的相续只不过是对刹那的相同法不间断假立而已，实际并不成立。不仅仅是宗派的论典中，就是世间人也因为随着因灭现量见到果而不承认因果是一体，所以这种自生在二谛中都不存在。

假设认为：虽然自生不合理，但就像母亲生子、种子生芽一样，万法绝对是他生。

尽管因果假立为他法，可并不是以理成立的他生，原因是，如果因果本体成立他性，则某果无需观待因，二者将具有同等的能力，有的同时无需他生，如同已生的两人相互不观待一样。假设由他生，则灯火也将产生黑暗等一切应生一切，因为是他法无有差别之故。

如果说：凡是他法，不一定是因果，能饶益与所饶益关系，由前生后，因此无有那种过失。

如同青稞、花朵、石头等不属于稻子的因与相续一样，青稞自己的种、芽实际上也同样是他法，即使应成与能生一个相续也不合理，但实际上与能生一个相续安立合理，是因为以体性不成立他法，以缘起的性质，成立经不起观察。此外，种、芽二者在一个时间一者不存在，能饶益所饶益的关系如何合理呢？只是假立罢了。

如果说：这两者虽然不是同时存在，但就像秤的高低一样生灭，因此无有过失。

正灭与正生相遇不成立，因此以秤的比喻说明无有实义，就像与心心所同时的四大也假立为因果一样，如果是本体性他生，则过失如前。因此，种子生芽一类，缘起的显现经不起观察，如果加以观察，则所谓的生了不可得，然而不加观察似乎存在，只是显现种子生芽，如此命名而已。同样安立住、灭，实际上远离生灭住，这二谛不相违的显现如梦如幻如乾达婆城等。如果这般以理分析，则因为一切法无有体性的缘故，犹如种芽，既不成立自体也不成立他体。

如果其他人说：虽然遮破了其余三种生，但如果不承许他生，难道不是与世间名言的安立相违吗？

并不相违，倘若以真如分析，名言中生一无所得，如果可得，名言谛应成经得起理证分析、应成胜义中不破生、圣者入定应成灭法之因，成了损减有实法的自性。但实际上那是不可能的。胜义中任何法了不可得，单单在名言中可得这两者是一个意义，是中观宗所承许的。诸有实宗将空性与缘起显现执为相违进而辩论，他们认为以观察胜义遮破，在名言中也永不存在，只要名言中存在，那么以观察胜义理也不能遮破，在破基名言法上，遮破有单独所破遍计或有成实等名称的空性与破基显现这两者，如同无兔角与有牛角一般双运，就是承许非遮空性，如果究竟观察，则超不出说有实，这一点前辈说理者已严密证成。

自他共生的观点，两方面所说的过失都会临头，二谛中都不承认。

认为虽不是自他共生但一切有实法是无因生的观点，如前文讲宗派时遮破的那样不成立。

倘若这般以破四边生的理证加以分析，则任何法都无生，为此，住灭等其余差别也不可得。要知道，只是显现不灭，即是寂灭戏论，详细内容按照《入中论》中所说。

再有，对由多因生一果、由多因生多果、由一因生多果、由一因生一果的四边任何一种进行分析，也都不成立。

如果认为：对境、根、作意等多因产生一个眼识的果。

因虽然不同，但由于产生无别的一果，一体的果应成无因，由此可知一体的因也不能产生一体的果，他体、一体或者多体与一体均成了无因，因为不被多体、一体所摄的有实法不存在，凡它所摄，要么成常有要么成常无。

假设认为：因多种，产生的果也是多种，作意无间产生了知自性的眼识，根取对境，对境产生具足各自的行相。

由于因是他体，所产生的部分与它们无有他体的缘故，识就成了多种。如果承认这一点，那么并不是那些因产生眼识的果，因为各自因分别产生各自果，而眼识就成了无因。

如果说：所有部分与一个识不存在异体。

这样一来，安立多因造作多果，无有意义，就成了一者造作，过失如前已述。

假设说：虽然本体是一个，但由反体安立不同，因此无有过失。

所有因对假法起作用，不会产生实有的识，因此识就成了无因。倘若果的本体是一个，所有部分是多体，那么法与有法也成了异体。

假设认为：诸如蓝花一个因产生自己的同类，还产生其他的眼识等，造作多果。

那么，是唯一的因造作的还是连同他者造作的，如果是唯一的因造作的，那么他体的果就成了无因，又由于一个因也不造一果，结果一果多果应成无因，过失如前。

假设说：诸如蓝色对境，它也观待显现根、作意而产生眼识，还是由他生。

这样一来，所生的果不成唯一，因为由因的各自差别所生的是具有多种差别法。

假设说：一个因产生自己的一个果。

诸如眼根，仅仅产生自己的同类而不能起到产生眼识等的作用，由此，一切众生应成盲人等过失颇大，这是在《中观二谛论》中宣说的正理。

此外，如果多因生一果，则果应该不具备多种法，然而无有多体的一个成实法也不可能存在。如果由多因产生多果，那就不可能起到多因产生一果的作用，因此多因聚合无有意义。对于一因生多果来说，不可能有无分的一因，因为一个因不观待他法而产生果不存在。并不是一因生一果，因为与因缘聚合的方式造作种种果相违。所以，因果的任何有实法也不存在“实有的一”。因为不存在“实有的一”，由它组成的“多”也就不存在，但是多法也由同类等的原因而假立为一，一法也由差别的分类而假立为异体，仅仅将此安立为因果的名言，如果加以分析，四边任何一种也不成立，因此要知道一切有实法经不起观察，犹如梦境。

对此有人承许分析因果二者的破四边生算为五大因之列，虽然如此解释也无相违之处，但将此归集在分析因的范畴内而算为四因也是合理的，另外也有分析因、果、体的不同理门。比如，如果以三时来分，则果已过去灭亡故不生，未来没有产生故不生，现在已经形成而无生等。

再有，所生的果，是有的法、无的法、有无的法还是非有非无的法？假设认为产生一个有的法，则不合理，因为有的法自己的本体已经形成，无需再由因产生，如同青稞已经成熟一样。如果有了还需要产生，则成无穷。无的法，无法产生，如同兔角。

假设认为前面没有的法由因使之重新有。

无与有二者相违之故，事实上，不存在任何所谓“前面没有后来才有的法”，依靠因显现果，前面没有显现、现在显现这两者只是以分别心衔接起来假立“产生前面没有的法”而已。同样，前有后无也是将前后综合起来假立的，一切有实法只是依缘起而显现，并不存在有迁移为无、无迁移为有的任何情况，生灭、住不住、有我无我等也与之相同，一切显现许本体是空性。因此，在真实义中，任何法迁移、来去、生灭、增减等差别一无所得。

如果有人想：倘若不生任何有无的果，那也不可能产生除此二者以外其他的果，到底如何承许生果呢？

生果只是缘起的无欺显现，如果分析有、无，则不成立，承许为如幻等。有无二俱不可能，因为互绝相违之故，非有非无也不可能，因为直接相违的第三品物体不可能存在。

智慧浅薄的初学凡夫心想：那么，“就像此处非二不可能存在一样，在离四边戏论时，也不该是非二的本性”。如果，不加鉴别而承许所谓非有非无，那么直接相违的第三品物体不可能有，以双重否定就成了肯定，不是任何法没有所理解的“是此义”，由这种什么也不承认的恶见不会对自宗获得定解。

并不是这样，安住于有缘之基，期间不可能同时灭除四边的执著相，加上鉴别而承认任意一种，是以执著相缘它的，那就超不出分别的自性，寂灭一切所缘的离戏虽然没有四边任何所缘和承许，但并不是像没有证悟真如的黑暗、无心位一样，以比喻、词句难以表示，不可言思的离戏由各别自证分辨，斩断怀疑的吊索，无分别智虽然无有所取能取但自性光明犹如太阳般存在。

分析本体离一多因，首先应该对有为无为的一切法本体，观察有没有真实的一体：有为法五蕴中，所有色法，可分为上下方隅中间部分，诸如拿瓶子来说，只不过是将设施处的多法假立为一，实有的一体并不成立，它的所有部分也与之相同，身体与肢体也如是分成部分。总之，色法一直可剖析到形成微尘的基础——极微尘之间。极微尘由方尘围绕时，如果有各个面，则有分无穷，如果没有各个面，那么有多少微尘聚合也不会变得越来越大，此理证如前所述，所有色法不存在真实的一体。八识聚或六识聚也是由种种心心所、种种所缘相及四缘聚合中产生种种生灭的缘故不成立真实的一体，由因所生的生灭法，极微的无分刹那也不成立。通过这种方式分析可知，无情、心识所摄的一切法都不存在真实的一体。不相应行只是对无情、识的阶段假立而已，并无体性。一切无为法是对遮破所破的部分假立而自本体并不成立。总之，有为无为的一切法都不成立真实的一体，一体不成立，由一所组成的多也就不成立，真实一体他体以外的其余成实决定不存在，一切补特伽罗（人）与法成立无有自体性，详细道理如《中观庄严论》中所说。

总分析一切的大缘起因：诸法不是由自体性产生，原因是，因缘聚合才生，无因则不生，显现时也是在自体性不成立的同时显现，因缘的假合犹如影像，是远离常断、来去、生灭、一异戏论，现而无自性。如果这般相应有实法的法尔以观察胜义的理证加以衡量，则只是依缘无欺产生，如果四边、四际等的生、有无、常无常等任何一者真实成立，那名言的安立就不合理，由此将损减一切名言。无实如幻的缘起显现与空性呈现一义，对中观宗来说，显现许的一切名言极为合理，所以世间的名言及四谛、三宝等出世间的一切宗派名言都成立。

金刚屑因等分析胜义的其余所有理证都包含在理证之王大缘起因中，缘起的显现只是在未经观察的情况下似乎存在。如果加以观察分析，则因、果、体均不成立。分析缘起义的详细道理按照《中观根本慧论》等中所说。如是世俗中显现因、果、体，如是假立名言，胜义中并不存在因、果、体的自性，为三解脱门本性空性。如此二谛无别双运遍具殊胜的空性，即称为中观道所证悟的法界，也就是所证悟之最三时如来及佛子之母。现空谛无别等性犹如虚空界的意义超离分别的对境。因此，远离言思，但以无分别智慧各别自证的方式入定，后得时，具足诸法如梦如幻如影像如幻化等现而无自性的定解，以分开辨别二谛的妙慧不愚昧而证悟并宣说基道果的一切安立，由通达如此空性之义而生起大乘道果的一切功德。

抉择大乘所属四法印品终

附二　四无碍解

如是于深广，所知义不昧，

具慧持妙法，讲经等法门。

凭借如此具备了悟十处与四法印之义的深广智慧，善加解释微妙法理弘扬佛法，也是来自于具足四无碍解，因此释说四无碍解。

一、义无碍解

如理通晓轮涅诸法的本体与分类等，如应通达应通晓的广大十处、甚深四法印的意义，进而对一切所知义不愚昧。

契经及应颂，记别与讽诵，

自说与因缘，譬喻及本事，

本生及方广，希法及论义，

是十二部经。律经及对法，

名能诠三藏，彼所诠三学，

是为戒定慧。彼分大小乘，

是以闻思修，增界证义解。

名义体差别，寻求诸传授，

根本心类别，义识别总结，

愿心以此六，普入法之义。

以有寻有伺，有伺离寻伺，

止观双运三，寻求法所缘。

二、法无碍解

通晓能诠所知义的清净语佛典妙法的句义，正教佛经的分类，详细有十二部经，1.为了容易掌握，单独宣说意义差别的契经；2.中间结尾以偈颂宣说，为应颂；3.授记声闻过去未来，为记别；4.宣说两句至六句之间的偈颂，为讽诵；5.随喜某者而特意宣说，为自记；6.针对某行人特制定某学处之理等，为因缘；7.带有比喻宣说，为譬喻；8.宣说以往的情形，为本事；9.叙述菩萨们的前世，为本生；10.极其详细说明菩萨的学处波罗蜜多等深广之义，为方广，也叫研磨或无等；11.宣说声闻与菩萨的奇迹，为希法；12.无倒抉择所知诸法的法相，为论议。《大乘阿毗达磨》中说："其中前五者是声闻法藏；其后因缘等四者是律藏；随后方广、希法，是菩萨法藏；论议是大小乘的论藏。"这一切如果归纳起来，则是三藏，三藏归摄，也包括在大小乘法藏中。

三藏，即律藏、经藏和论藏。它们依次主要宣说断恶行、断怀疑、断垢见及戒学、定学、慧学。或者也可说经藏宣讲三学、律藏宣讲戒学和定学、论藏宣讲慧学。再者，从作用的角度，经藏遣除对法、义的怀疑，律藏修行法义两者，论藏用严正的形式抉择法与义。连同所说的地点、行人等的因缘，以具足法义甚深密意宣说二谛的法相，为经藏的意义。具足因缘而制定佛制罪，宣说堕罪非堕的分类及起堕的方便，为律藏。任何法藏决定宣说真实菩提分解脱等而趋向涅槃，对于蕴、界等一一法，也以种种分析再三抉择，以理证的决定现前证悟经藏的意义，通过辩论胜伏对方，为论藏的意义。如是通过闻思修佛经中的那些法，以所缘次第，将播下道的习气、证悟意义及得以解脱、获得法无碍解。

那么，如何寻觅正法的所缘呢？

依靠具有名称、词句、文字本性的名及所诠蕴界等的义，名义相联而安立瓶子之类的本体，将"瓶腹"立为差别，通过这四种寻觅而趋入，从中能开显一切名言，但如果能了知那四者实际不成立的道理，则会获得名不可得等四种遍智。以教言宣说实修它们的方式：诸如《智光庄严经》经典的名称，执著它的名言总相，是根本思维；对彼经中能诠的品、颂词等所有数目的词句类别加以分析，是词句思维；对依靠那些词句所说的意义，通过四种道理加以分析，是意义思维；这般分析的果——以坚信不疑的方式受持，为定解思维；对一切所诠能诠归集于根本句义中，为综合思维；发愿自相续获得经典所说的如此意义，为力求思维。通过以上六种思维而趋入，并对那些意义，以分别心显现义共相而连续不断再三探寻或分析，凭借这种方式，生起初静虑将禅未至定及粗分正禅之前的寂止。随后增上，当达到初静虑殊胜正禅时，则以无寻思的伺察分别观察。随后，从获得第二静虑正行心以上，以远离寻伺、无有二取的作意进行分析，也就是持心于法名的寂止与辨别其意义的胜观，名义综合起来受持，为止观双运，以这三种途径来修行。依靠获得静虑的正行安住，成就神通，从而在无量佛陀前进行供养，听闻佛法等，使道相极其增上。如是资粮道中获得殊胜止观的菩萨，了知并串习一切法唯是自己的分别，以所取能取不可得分析，获得四加行道后从见道至无学道之间。总而言之，缘于如所有法与尽所有法的意义，信解作意，是有分别的影像，作意真如是无分别的影像，心中显现彼彼行相而趋入，有圆满获得转依的必要。

悟已为他说，字名词句道，

本质结构合，组成彼能诠。

元音辅音字，词基前后加，

集聚成名词，原始派生等。

法事示宾施，为出处所属，

依存藏八格，余连引词等。

名形数略虚，同喻及实词，

留末六省文，知彼等名相。

偈散交替性，打动庄严韵，

义明具决定，获得语自在。

三、词无碍解

如实知晓以天、龙、夜叉、人等各自众生不同的语言使之了达义理。分别以这个赡部洲为例，由印度语、藏语、汉语、香巴拉语等不同语种所致，根本文字也有多有少等不同安立。印度的梵语，阿（ཨ）等十六个元音，从嘎（ཀ）到加（ཀྵ）之间的辅音有三十四，合计有五十个字母，被承许为组成所有名、词的基础或原本文字。藏语，从嘎（ཀ）到阿（ཨ）之间有三十个辅音字母，四个元音，这是根本文字。辅音字母之中，后加字十个，其中前加字五个，带有萨（ས）、绕（ར）等上加字、下加字雅布达、绕布达等，相应加上元音的四种标志，由此形成一切名词。一般而言，许多零散的字母聚合形成表明柱子等意义本体的名称，许多名称聚集形成鉴别长柱子之类意义本体及差别的词句，许多词句聚合形成相应略广圆满指明所诠义之品及章节等种种量。能诠的这些语言，按梵语用法，由本质、结构、组合三者作为框架形成名言的法相。本质，有词根与词质，加在词根后面的结构，有智札结构与普说结构，加在名词后面的结构有判位词（格）与得蕴结构等种种，结构与具结构的文字连接中变化成萨（ས）、绕（ར）涅槃点、夏卡（ཤཀ）、那纳（ནཎ）等种种格式。字形增加，从前面形成其他字形的种种组合，在《语言学论》中有共称。藏语，虽然没有词根等这样的名言，但是名词的本质加上连接词的结构能表示过去、未来等的前加字等，仅有字形、发音的稍稍改变。例如，过去式的摧毁（བཅོམ）、未来式的摧毁（གཞོམ་པ）、现在式的摧毁（འཇོམས）等。

所谓的连接词，单独不能指明意义，但如果与名词相组合，就成了词句之目，也可以理解格、连引词、省文等一切。梵语，以一句、两句、多句来分，有二十一种格，藏文的《声明》中有三种，共说了二十四格。但藏语中，第一格仅仅宣说事物的本体，名词相互之间通过连接的作用而获得外无有其他；诸如伐树，是第二示宾格；用木穿破，是第三施事格；为树引水，是第四为格；树中生果，是第五出处格；树之分枝，是第六属格；树上有鸟，是第七依存格。此外，得（སྟེ）等连引词、阿木（འམ）等选择词、江（ཀྱང）等语气修饰词和省略词，够（གོ）等句终词，表示分开、着重意义的虚词讷（ནི），表示合并、分离、理由、时间、教言具有选择意义的当（དང），总括词刚（གང）、色（སུ），疑问词戒（ཅི），说明相似的犹如（དེ་ལྟར）、像（བཞིན）等许多，还有主人词，具有否定意义的无、未、不、非，指明其余异名的彼（དེ）等，另外，建立的有、是、别有否定的唯一，限定等，要知道以此为例有种种连词。那些连接词，分别观待十种后加字的后面运用，通用一切要顺应意义，按照《文法学》论典及注疏中所说善加运用，就是精通了能诠之词。依靠前加字的功用，指明能作所作、三时的这一道理，与梵语的普说同品，此处运用也被视为必要的支分，比如，以前已经宣说、现今正宣说、未来将宣说，不需要运用许多“如”的助词，以如“已说、正说、将说”轻易就能表达，实际上也可用作动词、命令词等。名词中，例如，豹子（གཟིག）、眼见（གཟིགས），只是有无重加字“萨（ས）”的差别，特为观待所诠使意义无误的必要而运用是有义的。与此相同，大象被称为具手、马被称为速行，是以前命名的，人们不会辩论"有手、速行，其余含生也具备怎么单单给这些取名？"按照先前的命名规则，智者谁也不会超出它来讲说。如理发音的讲说，上加字绕与上加字萨等虽然表面似乎无有差别，但字体写法差别悬殊。懂正字学的人一见就能决定意义。为此，强化达（ད）的运用中，有萨（ས）重后加字有很大的必要，所以没有省略重加字萨（ས）等。如果按照跟随真正文殊菩萨囤弥桑布扎的前辈语言学家们已善加抉择的宗轨，则不会有任何错误。可见，文句优美、具足精通语言学宗风的法相、意义明了等有成为经论宝典之核心的功德，否则会成为与之相反的过失。因此，应当依照前代语言学家智者们的规则运用。

在某种场合没有直接说格等连接词，实际能理解含义使文句简练就称省文。省文有六类：

1.名形省略：略去名词与形容词之间的虚词形成同位关系的省略法，比如，既是青莲花也是蓝色，略称为青莲花。

2.名数省文：略去名词和数量词中间虚词的省略法，诸如，所计之道，为数有五，略称五道。

3.略虚省文：略去多音节词中间所有虚词但留实词的省略法，略虚部中说，札德等变形，有萨瓦等助词，如各个观察，简称妙观察，利益一切，简称普利等。

4.同喻省文：略去比方和被比方事物间的如、同、相似等词的省略法，如云“面容如月”，简称月貌者，火界称为东南。

5.实词省文：第二格至第七格之间任意省略，都是实词省文，从第二格到第七格之间实例依次，如入于城，简称入城；用根饮水，简称根饮；为鬼施食，简称施鬼；水中生长，简称水生；佛陀之子，简称佛子；安住于果，简称住果。

6.留末省文：众多同类格等运用归集最终运用一格，如顶礼佛法僧。以此为例，对于虽然不是连接词但中间的不明显的词句省略，在讲解意义时，需要这般结合词句来理解，诸如此类均要了知。

此外，运用多数词与少数词之理：诸如后妃们、一村。又如“罗睺之头、甲鱼之身，瓶子之无常、无常之瓶子、虚空的自性、虚空性”等及“张着嘴睡觉、张嘴而睡”等，不观待各自意义成立而以士夫欲说的原因进行种种表达，不同场合都有理解的方式，并无相违。例如说“拿树来”不会误解为去拿不同时间地点的一切树，知道是拿当场有的树。

这些名称介绍给别人的方式：虽然名、义没有本性的关联，但依靠人特殊表示，心里认定名义有关联，也就是将意义混杂为其能诠的名称，名称的文字也顺序不错善加运用表达，从中能指明义理，相反则不能指明。以此为例的名称也有两种，一是诸如土、石等大多数无由可解随意安立的原始词，二是佛陀圣者等有义可解的派生词。

再者，最初取某某名称也分两种，一是各自取上火、太阳、狮子之类的实词，二是结合其他事物取假名。取名以相似作为理由，诸如对利智者取名梵志火，对能照亮者取名日夫，对有技能者取名狮子。以相属作为理由，因取果名，如对令脚生病的当嘎药，称为足疾。果取因名，如识或有境，或者对利益庄稼的降雨，称为降谷等。再有，聚合事物取其中之一名，如鼓声或青稞苗，声与苗芽的聚合中也有其他因，从因的部分取名。其中之一事物取聚合名，如布料的一方烧了，说布料烧了。见到房子的一方，说见到房子。应当以此为例来了知。由天尊、父母、亲戚相关取名，也视为由相属中取名。无白色相的狗取名海螺，是与相似相反。对火曜称吉祥，与相属相反，是讥诮词，运用极相反的名称，这些虽然没有意义的相属，但对欲说的反方面的一种名称，是以讥讽的方式命名，因此只是相似、相属引申出的命名方式。不仅如此，而且也有对解渴的饮料取名干渴等情况。如此取的名称有说词、释词四种。“海生”的名称，虽然用于旱生的花，但无有释词；对于海中生的花既有说词也有释词；海里的植物与动物等虽有释词但无说词，所以不叫它的名称；陆地的石头、成段圆木等既无释词也无说词，因此不用。对黑狗以欲说取名海螺，但解释时则相反，像这类，承许为颠倒成立的随行词。如是高兴时发出“哈哈”，说“善哉善哉”；悲伤时发出“哎哟哟，痛呀痛啊”；惊奇时说“奇哉奇哉”，诸如此类。说两遍与意义不违而用双重词，承许谓“随从词”。叮叮当当、嘈嘈嚷嚷等，对不能片面决定、混杂或不明显运用重复词等，有许多表达方式。任何意义，以世间中先前共称的其种名称或者随同意义重新命名中表达的名称有种种，当从《词藻学》论典中了知。

以名句宣说意义的语体或自性，有偈颂、散文、二者交替三种任意一种。以打动人的殊胜功德严饰，称为词句庄严，按照《文法学》善巧运用。偈颂要有声律，语言要做到能诠文字缓峻等适中，无有黑垢斑斑，意义明了，表达方式也是通过自性修饰或譬喻修饰或形象化修饰、双关修饰、夸饰及浪漫修饰等途径使心里能产生妩媚等超凡神韵的优美语言，具有诗学的风格。通过这样的完美语言，对所说的意义进行讲辩著，也都要断除无必要，必定引发必要，详细也无重复过失，摄略也无不齐全，广略适度而无碍讲解。以正理的途径抉择，极其确定，词句周密而表达，并以精通表达方式而能使人轻易了悟意义，由此等无垢语句而精通正确教义的必要、摄义、句义承接断除疑虑，一词也涉及多种意义，词句的段落，善加分析双关词，依靠能诠词句而无误抉择所诠义，就是词无碍解。

观察二谛量，分说作用理，

观待与法性，证成四种理。

根意及自证，瑜伽四现量。

宗法同异遍，三相若齐全，

真因余似因，因明八句义，

现量及比量，相似能自悟，

建立与遮破，相似令他解。

果自性不得，三因内类别。

于何所诤事，具有语庄严，

善说立与破，研讨开显义。

依理如理解，从中生四依，

善辨佛经密，了义不了义。

不悟邪悟疑，黑暗予除已，

增上智慧光，解八辩才藏。

念慧证总持，辩法菩提心，

具八成就士，任运成二利。

为通佛法藏，谨撰此总目，

此善愿众生，获得深广慧。

四、辩无碍解

上述的法、义、词三种无碍解获得自在的次第相应得到对佛典的意义讲、辩、著无畏的辩才，具备摄受有缘者、制服邪说的威力。也就是说，菩萨们获得了对一一句义经劫海中解说也不穷尽的辩才。此处，解说对佛典的教义获得不随他转的无垢妙慧殊胜辩才的方便正理：一切佛法的意义归纳起来，无不包括在世间世俗谛与胜义谛两者中，因此要通过分析二谛的二量如理生起定解。怎样呢？作用理、观待理、法尔理、证成理这四种道理按照经中所说来了知。

作用理：轮涅的一切法均是以缘起的方式产生、显现，而不观待因缘如空中莲花般在有实法中不可能存在。为此，种子、水、温度等因聚合齐全起到产生苗芽的作用。总之，凡是某因起到生某果的作用，都称为作用理。

观待理：苗芽等凡是成为果的一切法，必定观待自己的因，即是观待理。

某因起到产生某果的作用以及彼果观待彼因，相互堪为因果，即是处，诸如，善业产生乐果、不善业产生苦果，或者稻子的种子产生稻子的苗芽等。与之相反不会产生，善业产生痛苦、不善产生快乐，青稞的种子产生稻子的苗芽，不是处。凭借这前两种道理，了知一切法是处还是非处而进行破立、行止。工巧明等一切明处、世间出世间一切宗派也是以这两种方式作为分析的根本。因此，对于知处与非处越来越通晓，他的智慧、宗派也会越来越清净善妙。

法尔理：名言中，诸法以各自体性存在，地坚硬、水潮湿，虚空无碍等。诸如瓶子之类的一法，也有是无常、是无情法等许多建立及从不是心识、不是常有等遣除或遮破角度安立的许多法，但归集起来，成为现量对境的自相实有，诸如瓶子，从遣余的角度假立的所作、无常等不同反体的种种安立，是有分别意进行操作的，所以包括在实有、假有两种中。其中，依靠所作自相与共相、总与别、相违与相属、法相与名相等符合名言义的种种安立，会对一切意义不愚昧。

这般安立因、果、体，是分析名言时的三种道理。胜义中，如果以金刚屑因进行分析，则某因生某果不可得；如果以破有无生因加以分析，则果观待因而生也不存在；如果以离一多因等理证加以分析，则坚硬等体性均不成立。安住于因无相、果无愿、体空性三解脱门的自性中，即是胜义的法尔。作用理与观待理也包括在名言有实法的法尔中，诸如火热性、火能燃烧、火观待木柴是法尔。为此，所有正理归根到底就是法尔理，无所寻觅其他理由。有实法的法尔，诸如火的热性之类谁也无法否认。

如果摄集前三种道理的意义，则名言中诸法的因、果、体如实安住的意义就是名言的实相或法尔，因、果、体无有自性，即是胜义的实相或法尔。总之，从二谛为所抉择义的角度宣说了前三种道理。诸法的自性如是安住合情合理，故称为理，或者与之相应而衡量，也叫作理。

证成理：如实无误衡量所量的二谛义，是以势事理成立，由此把它称为证成理，因为能立具有真实的合理性之故。其合理性通过什么来证明呢？通过如实显现的名言义、如实安住的胜义这两者的现量及对隐蔽分能推测的因明显无欺的比量这两种途径。具体而言，成为现量的世俗本体，如以无患眼识现量见到青莲花；胜义的本体现量可得，如圣者的入定智慧。名言义比量：诸如，由烟推知火、由所作推知无常；胜义比量：诸如，由离一多因等推知空性。

现量有几种呢?

有四种：

1.根现量：依靠增上缘有色根而生起无分别无错乱的识，是根现量，即无错乱的眼识等五根识，由错乱的因所染污的根前一月现为二月等，是相似现量，不是正量。

2.意现量：依靠增上缘意根生起的无分别无错乱的识，是意现量，随错乱根的无分别意与梦境之类不是正量。

3.瑜伽现量：依靠增上缘止观瑜伽生起的无分别无错乱的识，是瑜伽现量，修行不净观的锁骨明相之类不是无错乱，因此不承许是正量。凭借瑜伽现量了知世俗的有实法有遮蔽、阻隔等的意义，许为有相瑜伽现量，见到无我之类许为无相瑜伽现量。

4.自证现量：一切心心所自身明了的本体无分别不错乱而自证，即是自证现量，生起错乱或无错乱的任何识，也是它自身就能自明领受，这一点也是无错乱无分别。

这四种现量的对境、地点、时间、行相互不混杂显现自相的缘故，是名义相混杂缘取的无分别。一般来说，如果无有这些世间的现量，那么因为一切推理都是以无错乱识缘取为根本，结果这一切都成了无有。由因生、灭等显现的一切安立也成为无有，所以也就无法了知这一切显现自性空性，如云："不依名言谛，不悟第一义。"分别而言，如果没有根现量，则不见色等意义；如果没有意现量，则认知内外的一切共同对境的明知不存在；如果没有瑜伽现量，则证悟超越普通行境之义的识不可能存在，因此安立了这三者。这一切是心识现量领受各自的对境，一切领受归根到底就是自证，现量领受的意义无需其他能立，自心不错乱自明领受，断绝怀疑，因此自证是一切正量的归宿。比量最终归根于现量，现量最终以自证确定，归于无错乱心识领受，而无需寻找其余能立，如感受快乐。

比量，能推知的心识，是有分别意而非其他。

所谓的分别是怎样的呢？某某对境的事物行相笼统浮现在意识前，与其名称混合执著，比如分别或用意表达"柱子、瓶子"，就称为有分别意。不知名称的幼稚小孩与马等旁生心里也能大概浮现饮食等的意义，虽然没有与其名称混合，但通过可混合的义共相的分别对事物进行取舍，比如说，尽管没有直接见到水，但当听到哗哗流淌的水声时，为干渴所逼迫的旁生也会在心里浮现水的行相而发出渴求它的形态声，知道去追逐远处的水，那副情景可想而知。依靠这一有分别意，以地点、时间、行相混合的方式取受事物的共相，进行种种破立的名言来成办一切名言事，否则，无法表示出任何比量与学处，因为现量中，只是显现自时自境的部分与刹那的零散自相互不混杂而存在，它不可与名称混合，仅此并无运用名言的意义。依靠这种分别对现今见到的对境结合名称、种类等执著，称为世俗分别或有依表示分别。不仅只是这一点，而以回忆的方式分别过去、以向往的方式分别未来，作为比量所依执因的分别，由那种因中比量有因，通过分别也能衡量没有现前的隐蔽事物。如果不存在有分别的比量，则如同刚刚出生的婴儿不知道害怕火等事物一样，将不会进行任何取舍行止。有分别意，有将绳子分别为绳子、阳焰分别为阳焰之类无错乱的分别意与将绳子分别为蛇、阳焰误认为水一类错乱的分别意两种，依靠无错乱的分别能无误辨别三时的一切所知名言。

若问：有分别识，如何比量隐蔽的他法呢?

依于某法推出他法的功用，称为因。那个因在所立宗法上成立，就是所谓的第一相宗法。如果对于某个所诤事，那个因不成立，则分析遍就无有意义，如在瓶子上，观察有没有所作因，因成立以后，再分析因与所立法二者相属，所立随因而存在，即是所谓第二相同品遍，比如，若是所作，遍是无常以正量决定，因此无常随行于因所作。再者，如果所立法相反或不存在，则彼因也相反，不可能存在，比如，若非无常，则不会有所作，即是第三相异品遍。后两相，从量的角度说为同品遍与异品遍。以比喻说明它们，在所有同品中存在，所有异品中不存在。三相齐全就是能证成所立的真因。三相不齐全，即是相似因，但因不成等之理内部的分类有许多。

若问：真因有多少事相的分类？

有果因、自性因与不可得因三种。依于彼生相属由果推出因，为果因；由同体相属中，以彼因证成他法，为自性因。这两种是建立因。以可见不可得或相违可得遮破他法，这两种实际都是遮破所破的本体，因此称为不可得因。

一、五类果因

（一）亲因证成因果：例如，有烟的山上（有法），有火（立宗），有烟之故（因）。

（二）先因证成因果：例如，空中的袅袅青烟（有法），是以自因火为前提（立宗），是烟之故（因）。

（三）总因证成果因：例如，近取蕴（有法），带有自因（立宗），是暂时有实法之故（因）。

（四）别因证成果因：例如，显现蓝色的根识（有法），带有自己的所缘缘（立宗），是根识之故（因）。

（五）因法推知果因：例如，口中的糖块（有法），有色（立宗），有味之故（因）。实际由现在的糖估量以前与现在的味色二者聚合为一而推出由前因产生。

应当了知，果证成因的方式有许多，由类别分出如水不动中以所依能依等果推测因的一切同类都集于果因中。

二、自性因

二类自性因：

（一）观待差别自性论式：例如，声音（有法），是无常（立宗），所作性或已生故（因）。

（二）净尽差别自性论式：例如，声音（有法），是无常（立宗），是有实法之故（因）。

以诠说方式前一种论式是说他法之果，所以观待他，后一种论式以自主的方式仅说本体，因此安立谓不观待清净，实际没有意义的差别。

三、不可得因

分为不现不可得与可现不可得两种。

（一）不现不可得：例如，前面的这个地方（有法），看不见食肉鬼的补特伽罗不能确定食肉鬼到底存不存在（立宗），因为其不现不可得之故（因）。

此处以不可得而建立无有，有不可现与可现两种。不可现，以地点、时间相隔的事物虽然存在，但不见隐蔽事的人不能见到，诸如食肉鬼与中有身，虽然存在于此方，但不显现的缘故说为不可得，因为不现不可得，所以讲明没有切实分析的心识可进行决定有、决定无，如果可现，就可以不可得来否定（即决定无），这是分析差别的意义。此因论式只是遮破定有或定无的名言。声称此因论式是成隐蔽者的相续中不存在能得食肉鬼之量的缘故安立与不现不可得之义不相应。因为不现不可得，补特伽罗不能估量补特伽罗，总之，实际宣说了对不能估量的事物不应增损。

（二）可现不可得：分为所缘可现不可得与相违可得两种。

1.四类所缘可现不可得

（1）自性不可得：例如，这个房间（有法），无有瓶子（立宗），可现而以量不可得之故（因）。

（2）因不可得：例如，夜晚的海面（有法），无有烟（立宗），无火之故（因）。

（3）能遍不可得：例如，那边的石寨（有法），无有沉香树（立宗），无树之故（因）。

（4）亲果不可得：例如，无烟的院落内（有法），无有烟的亲因[①]（立宗），无烟之故（因）。

2.相违可得

可分为依于不并存相违与依于互绝相违的两种相违可得论式。

①亲因：此处藏文中是亲果，但应该是亲因。

（1）依于不并存相违的**十二种相违可得论式**

其一，自性相违自性可得之所破因：例如，那边（有法），无有冷触（立宗），以火蔓延之故（因）。

其二，因相违自性可得之论式：例如，那边（有法），无有冷触之亲因——功能无阻（立宗），以火蔓延之故（因）。

其三，果相违自性可得：例如，那边（有法），无有寒冷的后果——汗毛直竖（立宗），无有檀香火之故（因）。

其四，所遍相违自性可得：例如，那边（有法），无有霜触（立宗），以火蔓延之故（因）。

其五，自性相违果可得：例如，那边（有法），无有冷触（立宗），浓烟喷起四处弥漫之故（因）。

其六，因相违果可得：那边（有法），无有冷触之亲因——功能无阻（立宗），浓烟喷起四处弥漫之故（因）。

其七，果相违果可得：那边（有法），无有寒冷的后果——汗毛直竖（立宗），浓烟喷起四处弥漫之故（因）。

其八，能遍相违果可得：那边（有法），无有霜触（立宗），浓烟喷起四处弥漫之故（因）。

其九，自性相违所遍可得：那边（有法），无有冷触（立宗），檀香火蔓延之故（因）。

其十，因相违所遍可得：那边（有法），无有冷触之亲因——功能无阻（立宗），檀香火蔓延之故（因）。

其十一，果相违所遍可得：那边（有法），无有寒冷的后果——汗毛直竖（立宗），檀香火蔓延之故（因）。

其十二，能遍相违所遍可得：那边（有法），无有霜触（立宗），檀香火蔓延之故（因）。

再者，藏地的智者，加上以火的直接因无碍能力压制立为因，如前破四者，即承许对立可得十六论式。其他智者则强调说，产生直接果不依于非为火的直接因的刹那，为此因不能害。尽管如此，但一般来说，具强有力火的直接因存在而无有冷触的直接因，所以其余三者也就不存在，因此这种论式无有意义的相违，但按照前者承许十二论式适合运用，为此这里就如是认定。

（2）依于互绝相违

直接互绝相违，虽然不可以安立为因与所立，因为应是同一意思，但在运用间接相违的所遍中遮破能遍的违品，例如，声音，是无常，所作性故或者勤作所发故。也称为以量有害相违，虽然从否定对立的角度可堪为不可得的名言，但以遮破否定常有而建立肯定无常的角度考虑，则所有不可得因均可包括在自性因论式中。

此外，心识相违等也可依此诠表而包含在其中，没有作为直接因论式的差别，因为诸如无阻碍能力之类的直接因一般人难以确定。

因聚合数目齐全的推理也归集在自性中，诸如此类，三因种类的其他论式也摄于这三种中，如离一多因是真实能遍不可得等。

自己通过真因的途径如理通达某某意义，即是自利比量，依靠它而在其他行人面前也随理证成某某意义，并驳斥不符合事实之说，称他利比量。

破斥对方的观点时，所诤事宗法，以量没有证成或没有遮破，认定为衡量基，如火的热性之类，辩论双方前均以量已成立，诸如火的冷性以量已遮破，不必再建立，而以如执著声常与无常不同而定为衡量基，运用能立的因。在建立的过程中，需要三相齐全的自续因论式，因周遍需要以量成立，而仅以承许不能成立。破斥中，自续论式与应成论式兼而有之。为破斥承许声音常有的外宗，运用“声无常，所作故”的自续因，列举出反方承许“声有法，应成非所作，常有故”而破斥其不承许。为此，由因、周遍、量或承许证成中成了责难的种种分类。

任何人要以研讨的方式与他方辩论，应当如理通达自他教义所说的句义、问答、分摄等处，以伶牙俐齿，稳固的不畏辩才，做到词句周密、表达清晰、断除恶语等不必要之处，具有引发必要谈吐的庄严，在了知有义非义、能如理分辨胜负的评判或证人国王、上师或众会之处，言讲的根本，具足现量、比量及三观察清净的正教量三量的推理及比喻，圆满巧妙运用，周密表达，完全证成立宗义之说带给对方听闻。但是世尊所说“见到十二义理的菩萨，精勤于善品不可与他者争论”的意思是指，以了知正法深义及想了知的意乐而说，能如实分辨意义的智者罕见，断除以贪执恶方的过失使心烦意乱及轻视谄诳恶语等过失，一心不乱，护他心，护等持、无胜负心之说罕见。如果出现胜负，则无染污，如果出现染污，则触及安乐，以不住修善法，不修善法而心入定，入定也解脱罕见。大多数辩论只是贪嗔的过失，而如实辨别真义者鲜少。无有那些过患而对如来教义通过正理的途径如理分析的研讨与辩论，则灭除非法，增上法理。

上述的四理中后面的证成理，从所依的角度有现量、比量，从所立的角度有观察显现世俗与观察空性胜义二种理，或者加上观察二谛无别究竟理，也可分为三种。从建立的方式而分，是、有的建立与无、非的遮破即破立四支，或者暂时破立与究竟超离破立之离戏各别自证。

如此对二谛的实相，依靠二量或四理如理分析生起必定远离不悟、邪悟、怀疑之垢的正智时，间接会获得四依。

四依

1.依法不依人：不管人如何，不将他作为清净解脱，而他所说的法如果是善妙具义，那就可受持，如果不是善妙具义，则不可受持，为此不依人当依法。

2.依义不依句：法也有能诠句与所诠义。能诠句如同以手指指月，只是为了能理解意义才运用的，如果以欲说的安立词句理解了当时的意义，那么词句的必要仅此而已，不要还一味贪执词句，如果策励于词句的戏论，则将漫无边际增长，会延缓轻易证悟意义，所以不依句当依义。

3.依了义不依不了义：佛典所说的意义也有以必要所说暂时的不了义与非仅引导之义的了义两种。了知所化界性、根机、意乐而宣说调伏所化之方便的法门有上下诸多次第，必须以理善加抉择教义来受持。

比如，以必要别有用意而说的**四种意趣**：

（1）平等意趣，佛陀说“我于彼时成为普见佛”。

（2）别义意趣，说“诸法无本性”及“无色无受”等，并不是在名言中而是指胜义。

（3）别时意趣，说“仅持某佛号即往生彼国”，密意是指，虽然此世死后并不一定立即往生，但终有一时必定往生。

（4）补特伽罗意乐意趣，诸如，对执著仅仅布施即可的意乐者，说布施低劣而赞叹戒律。实际上戒律也超胜布施。

必要，具有各自的利益。

再者，所谓秘密，基本上都不是依文解义，而以委婉转变其他的**四种秘密**：

（1）令入秘密：为了使声闻依次入教，而说“人我不存在而色等法存在”，密意是指在世俗中存在。

（2）相秘密：诸如，念及三相或念及胜义而说“无本性及本来涅槃”。

（3）对治秘密：为了遣除所化相续的所断而说，如为遣除将佛陀执为胜劣而轻视，如上所说“我成为普见佛”。为了对治认为得法容易，而说“承侍恒河沙数佛陀方能于大乘法生心”，密意是指得以证悟。为了利益认为我不能修道的懈怠者，而说“如果发愿往生极乐世界，则可往生彼国”，如前是别时意趣。对于执著仅少许善根便可者，贬低那一善根而赞叹其余善根，如前补特伽罗意乐意趣，这四种是从密意的角度宣说。虽然不是别有用意，但唯一观待或念及行人的意乐而对种姓、容色、财富等我慢者，赞叹其他刹土与其他行者，令他们对自己作低下想。对治贪爱有漏对境，赞叹出世间的胜财。对加害殊胜对境等造罪业因后悔而过度忧恼者，说“若加害佛菩萨，则结安乐缘”，密意是指忏悔或罪业穷尽后有朝一日会安乐。对想从大乘中退出的不定菩萨说“只有一乘”，其密意是并非无有暂时获得三乘各果，但终归是一乘。如此宣说胜乘法将断除一切违缘之过。结合铭记词句或作意其义，如《二偈陀罗尼》中所说，如果仅受持宣说八对治的二偈，则有智慧的众生依其殊胜性将获得十种功德。何为十种功德？圆满增长种姓界、死时获得极喜之殊胜，这两种是现世中所生的功德，后世中生八种功德：如愿受生身体圆满、生生世世回忆宿命的意乐圆满、本师圆满——值遇佛陀，这是道的三所依；道圆满——于佛前听闻殊胜法并对胜乘有信解、具足决定其义的智慧、于清净地获得无量等持门、获得无量陀罗尼门、迅速获得究竟大菩提。受持两颂正法的功德尚且如此广大，更何况其他？应当生起受持所有正法善解其密意的智慧。

（4）转变秘密：为了遣除有些外道认为佛经容易通达而执为低劣等，转变成其他表示而秘密宣说，当知言外之意。如云：“无实知实质，以惑极染污，去除而善住，得微妙菩提。”讲解此密意：梵语“赛”，涉及实质与散乱二者，了知定学无散乱是实质之后精勤，戒学，如果去除以难行的烦恼执著染污及净乐我常，善住于慧学中，则以彼因将获得微妙菩提。如是“父母是所杀”，密意是断除爱与无明等，类似的一切都叫转变秘密。

以此宣说意趣、秘密的道理为例，应当了知佛经的教义，有用意、有必要、有直接妨害，是不了义，与之相反究竟观察理成立的为了义。

此外，唯就调化所化的必要所说，诸如佛说“我背痛”等，与说十业相续类似的一切并非依文解义，虽然佛陀根本没有任何业与痛苦过失，但有为调化所化而示现的必要，当依照《秘密不可思议经》中所说来了知。另外，了知上下乘教义的差别后当趋入究竟义。为此，不依不了义当依了义。

4.依智不依识：了义也有执著义共相分别的行境与自相无诠各别自证无分别智慧行境两种。其中，只要住于破立、有无等边的所缘中，就不超越心识之对境，明了现前无有破立、舍置法性中寂灭二取戏论的意义时，就得到智慧殊胜光明，抵至法的堂奥，因此不依心识当依智慧。

如果具备以上所说的四依，就如同乳中取酥油、酥油中取醍醐一般，领悟如来经典究竟密意而自在拥有等同虚空般的自然本智光明，解开八大辩才宝藏。何为八大辩才宝藏？《方广庄严经》中云：“不忘故为正念藏；以智慧辨别故为智慧藏；领悟一切经藏之义故为通达藏；受持一切听闻故为总持藏；善妙讲解能满足一切有情故为辩才藏；护持妙法故为正法藏；三宝种姓不间断故为菩提心藏；于无生法获得堪忍故为修行藏。将得此八大宝藏。”获得具足八宝藏的辩才无碍解之士，受持佛法并对众生开示取舍，究竟成就无上佛果，详细内容当从《解义慧见》中通达。

四无碍解品终

以这般善加抉择解说所要通达的十处、四法印、四无碍解而圆满论体，这是所有佛经无垢注疏，善缘之士的殊胜津梁，因此恭敬策励精进受持将获得暂时究竟的无尽功德。

为何此论名为智者入门呢？获得闻思修所生之正法光明智慧、具足如法而行三学功德之敦肃、具足弘法利生之善妙事业的所有智者风范，归纳而言，具备讲修事业自性的三轮，最初趋入这种风范的无误正门，就是闻思，故而得名。简明扼要地宣说佛经及注释的所有深广要义的殊胜论典，以智慧通达后结合善妙证悟一切所知之藏大乘对法藏，那么就能以无碍讲、辩、著开显佛法，依靠它成办一切众生利乐之广大利益，自在拥有功德无量的财富。

四无碍解之宝藏，若依此理无勤中，

于深广法之光明，无边享受心欢喜。

不为求图名利染，为信佛法为利他，

为持正法为尊喜，愿谨撰此利法生。

持此文殊入其心，得总持辩胜智慧，

以此善愿无余众，成就遍智尊果位。

我证无上菩提前，愿于生生世世中，

具深广慧佛摄受，受持大乘微妙法。

愿结缘我此法者，皆得身心如金刚，

克胜一切魔违缘，自成二利普吉祥！

此论，以前就想撰著，从写主题框架起，一直耽搁了一周年多。后因病等他缘而说“担心不能完成”，与自己共住的西绕哦色听到此话而以善心恳请，虽然疾病折磨难以忍受，但因慈悯他而发起精进，于嘎多吉祥法林寺，铁牛年角宿月（藏历三月）完成所知十处。后来到了热单，具智慧的革荣活佛承诺印刷，劝请造完剩余部分。

以此等因缘，于讲修佛教大学热单大圆满邬金禅定法林寺禅房，以不空羂索摄集广大弘法利生事业的竹青第五世仁波切居住精舍吉祥日光照射之室内，大成就者大智者之王殊胜上师结合四种原因赐名共称麦彭嘉扬南嘉嘉措，于水虎新年展现诸如天时地利吉祥妙相之际圆满完稿。愿以此使如来教如意宝广弘诸时方。

愿增吉祥！

2014年6月11日
于喇荣圣地译毕